T0270007

REINICIA

El papel utilizado para la impresión de este libro ha sido fabricado a partir de madera
procedente de bosques y plantaciones gestionadas con los más altos estándares ambientales,
garantizando una explotación de los recursos sostenible con el medio ambiente y beneficiosa para las personas.

Reinicia
10 fundamentos del éxito personal y profesional

Primera edición: septiembre, 2022

D. R. © 2022, Gus Marcos

D. R. © 2022, derechos de edición mundiales en lengua castellana:
Penguin Random House Grupo Editorial, S. A. de C. V.
Blvd. Miguel de Cervantes Saavedra núm. 301, 1er piso,
colonia Granada, alcaldía Miguel Hidalgo, C. P. 11520,
Ciudad de México

penguinlibros.com

ISBN: 978-607-381-924-4

Impreso en México – *Printed in Mexico*

GUS MARCOS

REINICIA

10 FUNDAMENTOS DEL ÉXITO
PERSONAL Y PROFESIONAL

Grijalbo

Este libro y cada uno de mis esfuerzos son para mi esposa Arianne y mis hijas, Sofía, Sara, Nicole y Elena; mi razón de ser y el motivo más grande para nunca dejar de crecer.

Gus es de los generosos

Querido lector:

El hecho de que tengas este libro en tus manos supone que quieres ser mejor, porque buscas superarte, porque quieres ser el gran héroe de tu propia historia.

Pero todo gran héroe siempre necesita un guía, un mentor, alguien que con sus consejos pueda impulsarlo y ayudarlo a conseguir sus metas.

Dicen que el maestro aparece cuando el alumno está listo, y creo que llegaste al lugar indicado.

Estoy seguro de que Gus Marcos y sus consejos no solo te auxiliarán para lograr tus objetivos, así como a mí me han apoyado con varias de mis metas, sino que también te ayudarán a ser una mejor persona.

Muy probablemente ubicas a Gus por redes sociales, porque algún amigo te recomendó su contenido, o, bueno, puede que no sea así, y te llamó la atención este libro.

Yo llegué a conocerlo en 2017 por no tener dinero para pagar un gimnasio.

Me acababa de graduar de ingeniero, y decidí emprender el camino del creador de contenido. Comencé a hacer videos de motivación, que de alguna manera eran también para mí, pues estaba viviendo una etapa complicada.

En ese momento no tenía ingresos, quería vender publicidad en mis videos a marcas, pero nadie creía en mí. Mis recursos poco a poco se iban agotando, y la deuda del banco, poco a poco iba creciendo.

Un día que yo entrenaba en el parque, me fijé en mis mensajes directos. Ahí estaba un mensaje de un tal Gustavo Marcos, diciéndome que le gustaba mucho mi contenido y que me invitaba a OneGym, su gimnasio, para conocernos.

Vi su perfil, me pareció alguien confiable y me animé a ir.

Cinco años después, puedo decirles que no solo conocí a una gran persona, sino que forjé una amistad muy sincera con mi buen Gus, y eso ha sido un regalo increíble para mi vida.

Al estar expuesto a redes sociales, suelo conocer a muchas personas, y con frecuencia son de dos diferentes tipos.

El primer tipo son los Ventajistas:
- los que quieren sacar ventaja de ti,
- los que son puro bluff,
- los que no son verdaderos amigos.

Pero también te vas topando al segundo tipo, a los Generosos:

- los que sí tienen buenas intenciones,
- los que sí son reales,
- los que sí son amigos y están contigo en las buenas y en las malas.

Gus Marcos pertenece al segundo tipo, a los Generosos: aquellos que buscan aportar valor, aquellos que son transparentes y que hacen todo lo posible para darle lo mejor a su familia, a sus equipos de trabajo y a su sociedad.

Y no solo me crean a mí porque soy su amigo y estoy escribiendo su prólogo, vayan y hagan la prueba; dense la vuelta a su gimnasio para que vean el ambiente que se respira.

Como bien dicen: "Si quieres ver la educación de alguien, observa cómo trata a toda la gente, no solo a quienes le conviene".

Gus trata increíble tanto al cliente de la tercera edad como al encargado de limpieza del gimnasio. Eso no se puede fingir.

Creo que por eso Gus ha destacado en su trayectoria profesional, porque sabe que lo más importante son los valores.

Y me emociona saber que justo eso es lo que te vas a llevar en este libro, sus mejores consejos de vida con sus valores dentro de cada línea; desde la importancia de la disciplina, hasta cómo cultivar la resiliencia.

Y no te lo dice alguien que no lo ha vivido, te lo dice alguien con la experiencia.

Yo mismo he presenciado en estos años:

- cómo creció su marca personal,
- cómo ha levantado desarrollos,
- cómo sacó adelante a sus empresas en plena pandemia,
- cómo sigue creando proyectos innovadores, pero, sobre todo, cómo sigue yendo al gimnasio temprano y es un gran padre de familia.

Si quieres ser un gran héroe, debes tener un gran mentor.

Y en este libro lo has encontrado.

Aprovéchalo y aplica cada consejo, verás que sí o sí mejorará tu vida.

Nacimos para la grandeza, pero depende de nosotros conquistarla.

RORRO ECHÁVEZ
CDMX, México

Introducción

Querido lector, lectora:

Quiero empezar este libro con una promesa: cuando termines de leerlo, tendrás en tus manos información valiosa que te ayudará a REINICIAR tu vida personal y profesional para lograr un crecimiento significativo y alcanzar tus objetivos.

Esa información la encontrarás a lo largo del libro en forma de historias, consejos, ideas, conceptos y reflexiones que en suma cuentan mi historia y los aprendizajes que he tenido en mi trayectoria como emprendedor.

El libro está dividido en 10 capítulos. En cada uno te hablo de lo que son mis 10 principios o pilares fundamentales de vida:

1. Disciplina
2. Pareja
3. Salud
4. Socios
5. Liderazgo

6. Vocación

7. Riqueza

8. Marca personal

9. Ventas

10. Acción

Desde hace varios años he estado recolectando los mensajes que comparto en redes, en mis pláticas y podcasts, y me di cuenta de que hay unos más importantes que otros. Esos los agrupo en este libro dentro de los 10 pilares que lo conforman.

Mi intención es que tú, emprendedor, emprendedora, no te esperes al fin de año para decidirte a mejorar tu vida: quiero que lo hagas hoy mismo. Estoy seguro de que todos tenemos un potencial enorme a nuestro alcance, solo que a veces no sabemos ni por dónde empezar.

Escribí este libro para que quien lo lea tenga claro el éxito que puede construir a partir del día uno y se ponga a trabajarlo inmediatamente con dedicación y con humildad. Cuando hablo de humildad, de metas y de enfoque, lo hago con mucha pasión porque son ideas que aplico en mi vida diaria y veo los resultados claros y medibles.

Por eso quiero que más gente lo viva, que impulsemos el desarrollo del entorno que nos toca a cada uno aunque a veces nos dé miedo creérnosla.

Toma en cuenta que el miedo no se nos va a quitar nunca, pero que podemos atrevernos a REINICIAR nuestra vida a pesar del miedo: este libro pretende llevarte a ti a ese punto a través de estos 10 pilares.

Sé por experiencia que fuera de la zona de confort suceden muchas cosas buenas, y en las siguientes páginas te voy a contar cómo salir de ella y qué hacer cuando nada parece fácil para no perder de vista lo importante.

Si tienes este libro en tus manos ahora mismo es porque estás buscando aprender, ser mejor persona y conquistar el éxito en lo que haces, y por eso te agradezco y te felicito.

Quiero contarte lo que es el éxito para mí. Cuando hablamos de este concepto podemos abordar las miles de interpretaciones que hay al respecto, y eso sin contar que nuestra propia definición de éxito va cambiando con el tiempo. Yo, por ejemplo, antes me enfocaba en diferentes métricas tanto de negocio como de construcción. Así lo medía y está bien porque es lo que te enseñan y por ahí empezamos muchos.

Pero hoy puedo decirte que me enorgullezco más cuando veo a muchos emprendedores creciendo gracias a lo que me he atrevido a compartir en mis plataformas. Esto me hace sentir parte de una comunidad que me toca liderar no con palabras, sino con el ejemplo diario de que sí se pueden hacer bien las cosas.

Tengo la absoluta certeza de que con la práctica de estos 10 principios nuestra comunidad seguirá creciendo y cada uno podrá lograr su éxito tanto personal como profesional.

Y entiendo que el éxito es relativo, que cada quien lo define. Pero algo que sí podemos abordar desde lo general es la lucha constante que todos debemos librar para cumplir metas. Ojo: las metas grandes nos asustan a todos, yo por eso me enfoco en los pequeños trabajos que nos llevan a los grandes proyectos, micrometas que, a base de disciplina, van formando la estructura de ese gran objetivo, como lo vas a descubrir en el capítulo 1.

Al éxito solo llegas cuando cumples muchísimas micrometas. Esa es mi motivación diaria, un pequeño objetivo a la vez para llegar al éxito y entonces sí ser libre de tomar mis decisiones como consecuencia de mi esfuerzo constante.

Así puedo tener tiempo y libertad de aportar valor a otros para que logren lo que sea que se propongan. Tú que me sigues en mis redes sociales (@gus.marcos en Instagram, y @SoyGusMarcos en Twitter), eres testigo de cómo me apasiona compartir contigo mis aprendizajes e información que creo que puede ayudarte a crecer.

Pero en este libro no solo te hablo de negocios y de cómo construir riqueza, sino también de otros principios que son más relevantes en la vida como la salud y la familia. Cuando hablamos de nuestros valores, nos referimos a algo que tenemos bien presente todo el tiempo. Por eso es bien fácil darnos cuenta cuando no nos está yendo bien en alguno de estos.

Normalmente, si un emprendedor está pasando por un mal momento personal, se debe a que está descuidando alguno de estos valores centrales, y que a su vez detonaron un efecto dominó que está afectando a otras áreas de su vida.

En estas páginas también te platico qué hago yo no solo para cuidar mi salud, sino también para apalancarme de esos buenos hábitos para estar saludable y al mismo tiempo usarlos como inspiración para atraer oportunidades de otros ámbitos.

Además te cuento cómo es que procuro mis relaciones personales, sobre todo con mi pareja, porque sin duda mi familia, mi esposa y mis hijas son mi más grande éxito, y a la vez, la razón y el premio de todo mi esfuerzo.

Este libro está hecho con todo mi esmero y dedicación especialmente para ti, emprendedor, emprendedora, que quieres tener éxito en cada área de tu vida. Por supuesto que te hablo de cómo construir un patrimonio y generar riqueza en el capítulo 7, pero tampoco es mi deseo ver gente acaudalada a costa de tu salud o integridad física y emocional.

Para mí la riqueza consiste en tener una abundancia en todo: en momentos valiosos con mi esposa y mis hijas, en viajes con toda mi familia y en comidas con mis socios, también en desarrollos inmobiliarios rentables, negocios productivos, momentos de ocio, una comunidad fuerte y solidaria, etcétera. Como emprendedor, busco una abundancia integral, y en el capítulo 7 te cuento cómo alcanzarla.

Querido lector, lectora, te prometo que si aplicas día a día los consejos que pongo a tu disposición en cada uno de los 10 principios que conforman este libro, con metas pequeñas pero medibles, vas a lograr resultados exponenciales.

No va a suceder de la noche a la mañana. Cada proceso de reinicio, de transformación, lleva su tiempo, como todo. Obviamente la paciencia va de cajón y hay que ser consistentes. Tampoco es que te esté ofreciendo una fórmula mágica ni de otro mundo, pero si trabajas con enfoque, humildad y disciplina, de manera progresiva vas a aterrizar tus ideas y llevarlas a buen puerto.

¿Cómo lo sé? Porque así empecé mi trayectoria como emprendedor hace ya más de 10 años, y gracias a ese camino, y también a ti que formas parte de nuestra comunidad, estoy aquí terminando de escribir este libro que con mucho cariño, emoción y respeto te comparto.

Gracias por tener este libro en tus manos, espero que lo disfrutes tanto como yo disfruté escribirlo.

Seguimos en contacto.

GUS MARCOS

1

Disciplina

En la industria de la construcción, todas las obras, por más grandes o pequeñas que sean, inician de la misma forma: colocando el primer ladrillo. Después va el segundo, luego ponemos el tercero, y así sucesivamente hasta que la estructura de la casa o el edificio queda terminada.

Para llegar de manera exitosa al final de este proceso, la clave es seguir poniendo ladrillos, uno tras otro, con asiduidad y determinación, pero sobre todo con disciplina.

Esta es una analogía de cómo visualizo mis procesos y mis objetivos. Sé que el edificio no se va a construir de la noche a la mañana, que los esfuerzos no son de un solo día, que los proyectos son largos y que las metas me esperan no a la vuelta, sino allá en el horizonte. Y entiendo también que es la disciplina lo que me permite ir sumando ladrillos, uno detrás del otro hasta que cumplo mi objetivo, tal como lo visualicé en el pasado.

En este primer capítulo te voy a contar cómo es que me hice consciente de la importancia de la disciplina, y cómo puedes tú también adquirir buenos hábitos para llegar a ser la persona que quieres ser.

HISTORIA DE UN VIAJE

Hace 18 años hice un viaje que me cambió la vida. No, no fue un viaje en el que haya experimentado una transformación espiritual o algo por el estilo, lamento decepcionarte. En realidad se trató de una suma de experiencias y situaciones —algunas no muy agradables— que me hicieron madurar más rápido y adquirir el hábito de la disciplina.

Cuando miro hacia atrás no puedo evitar sentirme un poco extraño. Era una persona distinta de la que soy ahora, con otra mentalidad, y claro, también bastante más joven. Ocurrió cuando tenía 16 años, en plena adolescencia.

El motivo del viaje era de estudios, y tuve la suerte de que el destino fuera en el extranjero. Yo iba con muchas ganas de aprender, conocer gente nueva y pasarla bien, aunque no podía evitar los nervios porque era la primera vez que viajaba solo. También iban otros estudiantes de mi ciudad, quienes ya se conocían entre ellos porque eran de la misma escuela. Eso me hacía entonces el "extraño" del grupo, el nuevo.

Tengo que decir que fue difícil adaptarme socialmente por una cuestión en particular: mi complexión era muy diferente. Estaba, digamos, algunos kilos arriba, por decirlo de manera generosa, y el caso es que mi aspecto físico era motivo de burlas de aquel grupo de amigos en el que yo era el raro, y al que trataba de integrarme haciendo cosas que realmente no quería hacer, o que realizaba por inercia solo para encajar.

La dinámica social es brava, en especial cuando eres adolescente, esa etapa de la vida que es pura exploración y descubrimiento. En ese contexto la convivencia recompensaba la crueldad, alimentada por prejuicios y estereotipos, e injustamente a mí me tocó ser el blanco de ese *bullying*.

Fue en un día de ese viaje que se acercó Emilio, compañero de aquel grupo de amigos, a hacerme una simple pregunta con la mejor de las intenciones: "Oye, Gus —me dijo—, ¿por qué no vas al gym? Sería bueno para tu salud".

No podía saberlo en ese momento, pero esa sencilla sugerencia fue el primer paso del largo camino que he recorrido hasta este día, y no me refiero únicamente a la cuestión de mi forma física. Empecé a hacer ejercicio y adopté un régimen alimentario.

Fui metódico y riguroso, confié en el proceso, y al cabo de unos meses había perdido cerca de 20 kilos.

Desde luego que mi transformación física fue muy importante y tuvo muchos efectos positivos tanto en mi salud como en mi vida social, pero para mí lo más valioso de aquel viaje y de esa pregunta fue que a través del ejercicio entendí el impacto que la disciplina puede tener en las personas. Cuando empecé a ver los resultados sentí más motivación, y eso, a su vez, me generó seguridad y confianza en mí mismo, retroalimentando así un círculo virtuoso que ha allanado el camino a los logros que he obtenido en los últimos 10 años como emprendedor. Además me hizo madurar y comprender que ser disciplinado no solo implica ser constante y apegarse a una rutina, sino también renunciar a todo lo que no te deja nada positivo, sea la comida, malos hábitos o malas amistades, por ejemplo.

Desde entonces aplico esa misma lógica en todos los aspectos de mi vida: salud, bienestar, familia, trabajo y negocios. Por eso aquella experiencia fue un parteaguas para mí, un antes y un después, y lo mejor de todo esto es que **desarrollar el hábito de la disciplina es algo que está al alcance de cualquiera de nosotros,** por más que creas que no es así. En este capítulo quiero contarte algunas reflexiones, ideas y consejos para que tú también emprendas ese viaje transformador al que nos invita la disciplina.

NO ERES TÚ, ES TU CEREBRO

A todos nos ha pasado esto alguna vez: nos fijamos una meta, le ponemos plazo y trazamos una ruta. La meta puede estar relacionada con el ejercicio, la salud, las finanzas personales, la educación, el trabajo o incluso un *hobby*. Pero sucede que, a los tantos días, conforme se diluye la motivación inicial, se nos hace difícil levantarnos temprano, renunciar a la comida chatarra o darle seguimiento al plan. La meta queda en el olvido como otro anhelo inconcluso.

Déjame decirte que esto es completamente normal. Nos ocurre a todos los seres humanos porque así estamos configurados. De hecho, se trata de una cuestión evolutiva: tu mente está hecha para protegerte del sufrimiento y ahorrarte el trabajo duro. Quiere mantenerte seguro en tu zona de confort y economizar tus reservas de energía. Dicen los científicos que de esa manera los primeros *Homo sapiens* garantizaban su supervivencia en un ambiente hostil en el que el alimento era escaso, y que obviamente nada tiene que ver con el contexto actual.

Por eso es tan difícil ser disciplinado, porque es una lucha constante contra tu mente y tu instinto. Para la parte "primitiva" del cerebro, por ejemplo, no va a ser lógico descartar el postre que tenemos enfrente porque no sabe cuándo vamos a tener acceso de nuevo a esas calorías, así que nos va a mandar ese impulso que nosotros llamamos antojo o tentación.

La parte racional y consciente, en cambio, nos alerta acerca de las consecuencias que conlleva ceder a ese impulso natural —el exceso de calorías y subsecuentes problemas de salud— y que evidentemente no son inmediatas, pero como tenemos esa capacidad de abstracción, podemos comprender que se manifestarán en el futuro. **Cada vez que nos dejamos vencer por uno de estos impulsos, damos un paso atrás en el camino hacia la meta que nos propusimos.** Tampoco es que estar consciente de esto lo haga más fácil, pero sí es útil saberlo porque nos ayuda a procesar la situación y a implementar ciertas técnicas que nos permiten de cierta forma "hackear" el cerebro y acostumbrarlo a nuevos hábitos para que se alinee a nuestras intenciones racionales.

NO HAY FÓRMULAS, PERO...

Siempre que buscamos mejorar como personas, el reto nos exige disciplina. Y en esa búsqueda, queremos apegarnos a fórmulas o métodos que nos vayan llevando de la mano en el camino. La mala noticia es que no hay una fórmula definitiva y universal que sirva para todos, porque somos diferentes en muchos sentidos y nuestras motivaciones también lo son. Pero la buena noticia es que tú puedes descubrir tu fórmula personal si de verdad asumes el compromiso y estás dispuesto a ejecutar los esfuerzos que el tamaño del desafío demanda.

En ese sentido, quiero compartirte lo que me funciona a mí en tres puntos muy sencillos, y que quizá te sean útiles como punto de partida para adquirir el hábito de la disciplina.

1. Dale siempre prioridad a tus metas.

Identifica aquellas actividades que son fundamentales para avanzar en tu objetivo y diseña tus días alrededor de ellas. Si se atraviesa otra tarea que pudiera desviarte o distraerte de la ruta que planeaste, haz lo posible por postergarla de tal forma que no impacte en tus actividades. El tiempo es finito, no lo pierdas en cuestiones que no te van a poner más cerca de tus metas, y recuerda que **tus logros no son el empeño de un solo día, sino la suma consistente y consecutiva de pequeños esfuerzos a lo largo de cierto plazo.**

2. Hazte esta pregunta frecuentemente: ¿es esto realmente necesario?

Cuando te encuentres en una situación que te está consumiendo mucho tiempo y energía, hazte la siguiente pregunta: ¿es esto realmente necesario? Antes de contestar, considera tus objetivos y prioridades. Si la respuesta es no, déjalo para después, delega o abandona la actividad del todo. Esto es útil, por ejemplo, cuando en vez de invertir tiempo en nuestras metas cedemos a la tentación y abrimos Netflix, o cuando tenemos antojo de comida que no es saludable. Entonces pregúntate: ¿realmente es necesario?

3. **Aléjate de lo que no aporta valor a tu vida.**
En este punto me refiero en particular a las personas. Siempre va a haber gente dispuesta a criticar o a desalentarte, y en muchos casos, lamentablemente, son personas que consideramos amigos o que son parientes cercanos. Mantenerse motivado no es fácil, así que no necesitas compañía que te desanime o te despiste del camino con su discurso negativo o incitándote a practicar malos hábitos que no te dejan nada bueno en función de tus objetivos.

Poner en práctica estos tres puntos me ayuda a mantenerme enfocado en mis metas, sobre todo en momentos en los que hay muchos estímulos y distracciones, o en los que la motivación se diluye. Desde luego que no constituyen una fórmula como tal para habituarse a la disciplina, pero como mencioné antes, podrían servirte a manera de guía inicial.

UN SUPERPODER

Probablemente levantarte temprano y vencer la flojera para hacer ejercicio una vez no sea una gran proeza, pero hacerlo de manera constante y cotidiana durante años con el propósito de llevar una vida saludable sí lo es. Un gran músico no se hace en un día, sino que practica diariamente durante horas sin importar las circunstancias y adversidades: la desmotivación, su estado de ánimo, otras ocupaciones. Lo mismo sucede con los grandes emprendedores y los mejores atletas. Todos ellos entienden que el camino al éxito es largo, y que cada día están un paso más cerca si son capaces de hacer un esfuerzo ordenado e inteligente hacia sus ambiciones.

Por eso **la disciplina es un superpoder:** solo las personas extraordinarias y con la suficiente determinación y compromiso por sus sueños siguen adelante un día a la vez, con diligencia y tenacidad aun sabiendo que la meta está a varios meses o incluso años de distancia.

UN MITO SOBRE LA DISCIPLINA

¿Alguna vez has escuchado a alguien decir que el ser humano tarda 21 días en adquirir nuevos hábitos? A mediados del siglo pasado, el doctor Maxwell Maltz de la Universidad de Columbia desarrolló esta teoría, y desde entonces ha tenido mucho eco en los campos de la psicología y el desarrollo personal. Pero esa idea es en realidad una interpretación equivocada de lo que el doctor exponía originalmente.

Su especialidad era la cirugía plástica, y de acuerdo con sus observaciones y hallazgos, afirmaba que a sus pacientes les llevaba por lo general 21 días como mínimo acostumbrarse a su nueva apariencia física después de una operación, o incluso dejar de padecer el síndrome del miembro fantasma en los casos de pacientes que habían sufrido una amputación.

De esos hechos se extrapoló después que ese es el plazo de tiempo en que una persona desarrolla un nuevo hábito. Es decir, que una vez cumplido ese periodo, es posible realizar la actividad en cuestión sin mucho esfuerzo, casi en automático.

Sin embargo, estudios más recientes indican dos cosas: primero, que el promedio de tiempo que tardamos en generar nuevos hábitos es de 66 días, y segundo, que eso es muy relativo.

Cada persona es diferente, y lo mismo sus circunstancias. Si bien es cierto que conforme avanzas en la construcción de un hábito el grado de dificultad en la realización de la actividad se puede ir reduciendo, nunca se vuelve automático. El desarrollo de la disciplina es un proceso que implica tiempo, compromiso y esfuerzo: no existen los atajos. Al final, **nada puede sustituir tu fuerza de voluntad y tu capacidad de autocontrol.**

FELICIDAD Y DISCIPLINA

Una vez me topé con la frase que dice que **una mente disciplinada conduce a la felicidad, y que una mente indisciplinada conduce al sufrimiento.** Me identifico mucho con ella porque si algo he aprendido en mi trayectoria como emprendedor es que cuando amas lo que haces y te programas para lograr tus objetivos, el resultado final de tu trabajo no es otro que una sensación de plenitud, satisfacción y felicidad.

La disciplina es la herramienta que te va a llevar a ese destino. Considera que solo a través de una vida disciplinada podrás revelar y alcanzar el máximo de tu potencial para demostrar al mundo de lo que eres capaz.

Eso sí, no todo va a salir siempre como lo esperas, es normal; solo asegúrate de enfocarte en aquello que está bajo tu control, y atrévete a asumir riesgos y a salir de tu zona de confort. Ponle pasión e intensidad a lo que hagas, pero también mucha paciencia: recuerda que nada es inmediato.

La disciplina es una forma del respeto por uno mismo y una medida del amor propio.

Buen viaje.

EN RESUMEN

1
CONFÍA EN EL PROCESO

Lo más difícil de ser una persona disciplinada y con capacidad de autocontrol es ser constantes aun cuando las condiciones son adversas. No desistas: arma tu plan y confía en el proceso. Si lo haces, tarde o temprano verás la meta a la distancia.

2
RECUERDA QUE ROMA NO SE CONSTRUYÓ EN UN DÍA

Queremos resultados inmediatos, pero ningún logro que valga la pena se obtiene de la noche a la mañana. Recuerda que un elemento fundamental de la disciplina es la paciencia.

3

NO TE CASTIGUES

Si un día te venció la flojera o cediste a una distracción, está bien, no pasa nada. Esta también es una batalla contra la química de nuestro cerebro, contra el instinto. No seas duro contigo: al fin y al cabo, **cada día es una nueva oportunidad para empezar.**

4

ENCUENTRA TU FÓRMULA

Permanecer enfocado y motivado todo el tiempo no es una posibilidad real, pero hay cosas que puedes hacer para mantenerte en ritmo y no perder de vista tu objetivo. Eso sí, para cada persona es diferente. Tendrás que trabajar para encontrar lo que a ti te funciona.

5

UTILIZA TU BRÚJULA

Cuando sientas que estás perdiendo el tiempo o energías en actividades que no te van a acercar a tu meta, pregúntate: ¿es necesario hacer esto?

6

SÉ CONSCIENTE DE QUE AÚN NO CONOCES TU POTENCIAL

Solo a través de la disciplina vas a poder descubrir tu máximo potencial. Cuando lo hagas, **te vas a sorprender de lo que eres capaz.**

7

DISFRUTA EL VIAJE

La meta está en el futuro, pero no por eso todo tiene que ser sacrificio y sufrimiento en el presente. Aprende a amar el proceso, aprecia tus avances y disfruta del viaje.

2

Pareja

¿Cuál crees que sea la clave para vivir una buena vida?

Date unos momentos para pensarlo. ¿Será el dinero?, ¿la fama?, ¿el amor?, ¿la sensación de logro como producto del trabajo duro?

Un estudio de la Universidad de Harvard sobre el desarrollo de la vida adulta, actualmente dirigido por el psicólogo Robert Waldinger, lleva más de 80 años buscando la respuesta a esa pregunta. Durante todo ese tiempo, han seguido la vida de 724 hombres desde que eran adolescentes. Cada año los consultan sobre cómo se sienten con su trabajo, su salud, su situación financiera, etcétera.

El estudio es bastante extensivo, no se trata simplemente de un cuestionario, también evalúan sus historias clínicas, les realizan pruebas médicas, incluso les escanean sus cerebros para indagar lo más posible. También hablan con sus familias y los graban conversando con sus esposas acerca de sus inquietudes, tanto las personales como las que tienen en común.

Los que aún viven, que son alrededor de 80, tienen hoy más de 90 años de edad. Además el estudio continúa, pues ahora dan seguimiento también a las vidas de sus hijas y sus hijos.

¿Y qué han encontrado después de tanto tiempo?

Que la clave para tener una buena vida y ser más felices y saludables es esta: relaciones humanas cercanas, sanas y de calidad, en especial con tu pareja.

Así que no: no es ni el dinero, ni la fama, ni el trabajo duro lo que te hace vivir bien, sino el grado de satisfacción que tienes en tus vínculos sociales, particularmente con los más cercanos: tu familia, tu esposa o esposo, novio o novia.

En este capítulo te voy a platicar sobre qué es para mí llevar una relación de pareja saludable y algunos consejos que nos han ayudado a mi esposa y a mí a fortalecer nuestra comunicación.

SE LO DEBO A ELLA

Hoy puedo decir que en los últimos 15 años he podido disfrutar de muchas metas cumplidas. He tenido éxitos en los negocios, he construido desarrollos residenciales y comerciales, he fundado empresas en diferentes industrias, he aprendido muchísimo sobre la marcha, he conocido gente interesante que ahora son amigos y socios, y me he consolidado como emprendedor.

No les voy a mentir: si bien soy consciente de que nunca me ha faltado nada en la vida en términos de lo elemental para subsistir, esta trayectoria no ha sido fácil. Mis éxitos en los negocios son fruto de mi esfuerzo y el amor que le tengo a mis objetivos. Desde un inicio mi compromiso con ellos ha sido total, y me considero responsable de mis progresos y retrocesos, de mis victorias, sí, y también de mis derrotas.

Pero ¿sabes una cosa?, absolutamente nada de esto hubiera sido posible sin mi esposa. Lo digo con total transparencia y sinceridad, sin dramatizar ni caer en el terreno de lo cursi. Ella ya lo sabe, pero quiero decírtelo a ti en este libro para que quede de manifiesto y porque quizá te sea útil como ejemplo o inspiración al momento de pensar en tu pareja.

A lo largo de mi camino he sufrido tropiezos y bajones, malos momentos, situaciones que creí que no iba a poder superar, y ella siempre ha estado ahí, sin excepción, para sostenerme y para no dejarme caer. Nunca me ha faltado su apoyo ni su solidaridad. Su acompañamiento en las buenas y en las malas ha sido por igual. Estoy profundamente agradecido con la vida por habernos encontrado hace ya 16 años, y con ella por quererme, apoyarme y caminar conmigo de la mano.

Por eso quería empezar este capítulo con un reconocimiento sencillo pero auténtico, y aceptando que he sido muy afortunado, porque sí: en el fondo, el éxito que he logrado, o mejor dicho, que hemos logrado juntos, se lo debo a ella.

UNA VISIÓN COMPARTIDA

En toda mi vida solo tuve una novia. Siete años después le propuse matrimonio y aceptó ser mi esposa. Desde entonces estamos juntos. Frecuentemente la gente nos dice que qué padre historia, y luego nos pregunta cómo es que hemos logrado llevar esta relación de tanto tiempo, qué cuál es el secreto. Yo creo que cada caso es diferente, pero en el nuestro me parece que lo fundamental, además de que obviamente nos queremos, es que compartimos una visión para nuestras vidas y sobre todo para nuestras hijas.

Tenemos claro que queremos formar a unas hijas responsables que hagan de su país y del mundo un mejor lugar. También deseamos que cuando crezcan se sientan orgullosas de nosotros como personas, y todos los días actuamos en consecuencia para que en el futuro estén satisfechas y contentas con los méritos de sus padres. Para nosotros no habrá mejor reconocimiento que ese.

Estos son los dos pilares que sostienen nuestra visión, de la cual se desprenden cada una de nuestras acciones, metas y planes. Para lograrlo predicamos con el ejemplo: desde la forma en que nos hablamos entre nosotros y en cómo nos dirigimos a las personas que trabajan en nuestra casa, siempre con respeto y con interés genuino, hasta cómo nos conducimos en los negocios y en los asuntos del día a día, con rectitud y honestidad en todo momento.

Además del amor que nos tenemos, **compartimos esa visión que le da un significado y trascendencia a nuestra relación más allá del sentimiento mutuo.** Esa visión nos motiva a estar juntos, y cada vez que surgen dificultades, basta con recordarla para ayudarnos a encontrar soluciones que nos permitan aprender, fortalecernos y seguir adelante.

Platica con tu pareja, descubran cuál es esa visión que pueden compartir basada en intereses en común. Al hacerlo, no solo van a estar construyendo una relación más sólida, sino que van a encontrar también felicidad en esa búsqueda, y servirá de inercia para asumir riesgos en su proyecto compartido.

¿EXISTE LA PAREJA IDEAL?

Desde mi perspectiva, la respuesta corta a esta pregunta es no. Sería mucha coincidencia que encontraras a ese alguien que haga *match* con la idea que te hiciste en la cabeza de pareja ideal. Si buscas a una persona con la que compartas todos tus gustos y opiniones, sesgos incluidos, que tenga el carácter que quieras, que practique los valores que profesas y que además sea de la apariencia física de tu preferencia, lo más probable es que te vayas a quedar buscando. **No existe tal cosa como la pareja ideal, el alma gemela o el amor a primera vista,** contrario a las historias que vemos en las películas. Además, jamás te vas a dar cuenta *a priori* de que tu novia o esposa es la mejor pareja para ti. Sin embargo, sí creo que es algo que se puede construir y que vas descubriendo sobre la marcha, en el día a día, cuando ambos trabajan en sus metas y se apoyan mutuamente.

Quiero contarles un ejemplo de lo anterior. Cuando empecé a utilizar mis redes sociales para impulsar mis negocios y proyectos, y a trabajar en la construcción de mi marca personal, noté que mi esposa estaba inquieta. Sé que de alguna manera no estaba del todo segura de la idea de que yo emprendiera ese proyecto, pero nunca me lo manifestó porque en el fondo confiaba en mí y sabía que iba en serio. Al contrario: de su parte siempre hubo apoyo porque ya habíamos alcanzado otras metas antes, y ya ambos en ese punto conocíamos nuestras formas de trabajar. Yo ya había logrado mis objetivos de desarrollo inmobiliario, y ya había fundado también otros negocios que estaban en pleno crecimiento. En ese proceso ella fue testigo de mi esfuerzo, entrega y sacrificios, también de mi honestidad y compromiso, pero sobre todo de mi instinto. Es decir, ella sabe de lo que soy capaz y por eso tengo su confianza y apoyo, pero esa confianza no es algo que hayamos creado en un instante, sino que la labramos con el tiempo.

El proyecto, como bien sabes, afortunadamente prosperó, y su éxito también es resultado del esfuerzo de mi esposa, porque me animó cuando otros me tacharon de ridículo y se distanciaron. Ese apoyo que nos tenemos es el impulso que me convence antes de emprender nuevos proyectos, y es también la prueba de que **la pareja ideal no es innata, sino que se construye.**

ELEGIR PAREJA

La gente tiende a pensar que merece más de lo que tiene: un mejor sueldo, una casa más grande, un carro más caro, un cuerpo más atractivo. Es naturaleza humana, estamos programados así, con esa ambición por *default* que en la prehistoria servía para activar el instinto de supervivencia. Sucede también con las relaciones interpersonales; pensamos que los demás deberían tenernos en alta estima, y que si no lo hacen son ellos los que están en un error. Esto es algo común. Tanto hombres como mujeres creen merecer al amor de su vida, condicionados por su contexto cultural y la información a la que están expuestos en medios tradicionales, películas, publicidad y redes sociales.

Sin embargo, van por la vida esperando encontrar a esa persona de sus sueños en lugares improbables. Si buscas a alguien disciplinado y que se preocupe por su salud, por ejemplo, es más probable que lo encuentres en un gimnasio haciendo ejercicio a las 6:30 de la mañana que en un antro a las 2 o 3 de la madrugada.

Será más fácil encontrar a la persona indicada si tú haces los méritos necesarios y te pones en situaciones propicias para ello, a que si solo esperas que de pronto suceda con ese *mindset* del que hablamos antes.

Como todo en la vida, si realmente deseas hallar a una pareja con la cual compartir tu vida, **pregúntate primero si eres digno o digna de esa persona.** Si consideras que aún no lo eres, trabaja en ello de forma racional y verás cómo se van dando las cosas.

UNA RELACIÓN SALUDABLE

Una pareja fuerte es aquella que crece y trasciende en conjunto. Se dice fácil, pero **desarrollar una relación saludable requiere de mucho trabajo.**

A medida que crecemos, nos vamos sensibilizando sobre las cualidades que hacen que una relación funcione de manera orgánica y sostenible. Por ejemplo, aquellas relaciones en las que existe un interés material o económico generalmente están destinadas al fracaso, pues no sobreviven a las situaciones complejas o momentos difíciles que exigen lo mejor de cada uno.

Para mí, cuando un problema nos pone a prueba, **los valores que compartimos en pareja fungen como cimientos para sostenernos,** y la fortaleza de estos depende en gran medida de nuestra disposición a que las cosas funcionen. Cuando hay voluntad de ambas partes, ten por seguro que van a salir adelante, pero cuando no la hay, ni todo el dinero del mundo podrá resolver el problema.

LA PRUEBA DE FUEGO

¿Quieres saber si tu relación actual es saludable y sostenible a largo plazo? Hay dos preguntas muy sencillas que puedes hacerte ahora, en este mismo momento. La primera es ¿confías en tu pareja? Y la segunda, ¿tu pareja puede confiar en ti?

Si la respuesta a ambas preguntas es un claro sí, entonces significa que hay un entendimiento mutuo, que están conscientes de los límites propios y del otro y que tienen proyectos en común.

Pero si la respuesta a cualquiera de las dos preguntas es no, o tienes dudas y no puedes responder de inmediato, entonces replantea tu situación.

Sé que suena a cliché, pero la confianza es elemental en toda relación, y si hoy no existe, difícilmente habrá un futuro sostenible. Además, toma en cuenta que tu pareja puede ser un distractor y un obstáculo para tus metas, o puedes tú serlo para ella. De ser ese el caso, lo mejor para ambos sería cortar por lo sano.

TRES CONSEJOS RÁPIDOS Y PRÁCTICOS

No hay una fórmula definitiva para mantener viva una relación y llevarla en buenos términos, pero sí hay cosas sencillas que podemos hacer para alimentarla.

1. Escucha más, habla menos.

Funciona en las relaciones de pareja y en cualquier otra situación. Cuando permites que tu interlocutor hable más que tú en una conversación, te va a percibir como una persona más agradable. Nos gusta ser escuchados y saber que a alguien le interesa lo que decimos. Sé tú el que escucha más.

2. Recuerda que no puedes leer la mente.

A veces esperamos que las personas sepan de antemano lo que estamos pensando o incluso lo que estamos sintiendo en determinado momento. O somos nosotros quienes queremos que nuestra pareja adivine lo que tenemos en la cabeza. **No hay nada más destructivo que asumir que la otra persona puede leer la mente.** Aprende a comunicarte y a externar de forma clara y respetuosa lo que piensas y sientes. Por más que se conozcan, tu pareja no puede leerte la mente y tú tampoco puedes hacerlo.

3. Deja el orgullo a un lado.

Como humanos que somos, siempre existe la posibilidad de equivocarnos. Hay que reconocer cuando lo hacemos porque de lo contrario el orgullo puede minar la relación. Pedir perdón es difícil porque hay que tragarse ese orgullo, pero es una prueba de que te interesa arreglar tu error y de que eres una persona estable, con paz emocional y mental. Superar estos momentos y aprender de ellos es lo que te va dando la pauta acerca del futuro que puede llegar a tener la relación.

EN RESUMEN

1

RECUERDA QUE NO HAY PAREJA IDEAL, PERO...

La mejor pareja para ti es aquella que estimula tu potencial y que con su apoyo te pone más cerca de tus metas. Por cierto, tú también sé esa pareja que manifiesta apoyo y que ayuda a liberar el potencial de la otra.

2

TRABAJA EN LOS PROYECTOS EN COMÚN

Ya sea formar una familia, fundar un negocio, viajar por el mundo o cualquier otro, lo más bonito de compartir tu vida con otra persona es tener proyectos en común. Cuando los hay, eso es indicativo de que la relación está destinada a crecer y a ser duradera.

3

HAZ MÉRITOS

Si quieres una pareja con ciertas características y valores, asegúrate primero de merecerla y sé humilde siempre. Si después de evaluarte consideras que no has hecho los méritos, trabaja en ello y ponte en situaciones que te acerquen a encontrarla.

4

CONFÍA EN QUE EL ESFUERZO MERECE LA PENA

Mantener y desarrollar de manera favorable una relación requiere de mucho trabajo y disposición de ambas partes. Pero si realmente te interesa forjar un futuro con esa persona, valdrá la pena.

5

VUELVE SIEMPRE A LA BASE DE TODA RELACIÓN

¿Confías en tu pareja?, ¿tu pareja puede confiar en ti? Si la respuesta es no, considera replantear tu situación. Para que la relación prospere y sea sostenible, no puede faltar la confianza.

6

NO OLVIDES QUE LA COMUNICACIÓN ES CLAVE

Sé tú el que escucha más y habla menos. Y recuerda que no se pueden leer la mente. Aprende a comunicar lo que sientes con claridad, pero también con tacto y empatía para no lastimar sobre todo cuando se trata de situaciones complejas.

7

PIDE PERDÓN CUANDO TE EQUIVOQUES

Equivocarse está bien, puede pasar. Lo que no está bien es no reconocerlo y no pedir una disculpa. El orgullo mata las relaciones. **Demuestra tu interés en que la relación prospere pidiendo perdón.**

3
Salud

La salud es de los activos intangibles más preciados que tenemos —quizás el primero en la lista—, y a menudo el que más descuidamos con nuestros hábitos, rutina diaria y decisiones.

A veces cuando estamos en busca de nuestros objetivos es lo primero que sacrificamos a cambio de riqueza. Y cuando finalmente obtenemos esa riqueza, no podemos disfrutarla porque no nos queda salud.

Este es uno de los grandes malentendidos de nuestros tiempos. La salud es cimiento, sin ella no podemos construir ni perseguir nuestras ambiciones.

Una frase que dijo el dalái lama y que se me quedó grabada es esta: "Por pensar apasionadamente en el futuro no disfrutan el presente, así que no viven ni el presente ni el futuro. Viven como si no tuviesen que morir nunca, y mueren como si nunca hubieran vivido".

La salud que tenemos hoy no está garantizada mañana, pero podemos hacer esfuerzos y tomar decisiones conscientes en el presente para aumentar las probabilidades de nuestro bienestar en el futuro.

La salud es un principio de vida del cual no podemos subestimar su importancia. Por eso en este capítulo te voy a contar cómo cuido mi salud y algunos consejos para que tú también lo hagas.

LA PRIMERA RIQUEZA

De todas las preguntas importantes que podemos hacernos acerca de la vida, hay una que pasamos por alto. Por ejemplo, pensamos en el dinero y en nuestras finanzas a diario: cómo podemos ganar más o generar más ahorros y mejores rendimientos. Pensamos en el trabajo: cómo ser más productivos para lograr un aumento o un ascenso. O en nuestros planes a futuro: familia, vacaciones, un auto nuevo, una casa, como si tuviéramos garantizados los años por venir.

Pero, sinceramente, **¿cuándo fue la última vez que pensaste cuánto vale tu salud?** La segunda parte de la pregunta es medio retórica: tú y yo sabemos que no hay respuesta porque en términos monetarios la salud es incalculable, no tiene precio. Sin embargo, todos los días de manera involuntaria respondemos a esa pregunta. Decidimos cuánto vale nuestra salud en función de las acciones que realizamos. Nos demos cuenta o no, ese valor lo fijamos según nuestros hábitos alimenticios, las horas y calidad del sueño, la actividad física y lo que hacemos para procurar la integridad mental. Es decir, que si consumes comida chatarra en exceso, duermes menos de seis horas y llevas una vida sedentaria, inconscientemente estás decidiendo que para ti tu salud no importa mucho. En cambio, si tu dieta es balanceada, no te desvelas y haces ejercicio, le estás asignando un valor alto.

Cada quien tiene la libertad de decidir lo que vale su salud para sí mismo. Si alguien quiere comer y beber en exceso y desvelarse en las fiestas, o pasársela todo el día sentado en el escritorio trabajando o jugando videojuegos, está bien. En realidad mi intención no es aleccionarte sobre lo que deberías hacer o no, sino simplemente ayudarte a tomar decisiones más conscientes. Porque, sin afán de caer en el cliché, hay una verdad que es inapelable: **ninguna suma de dinero puede reemplazar tu salud.** Bien dicen que no nos damos cuenta de su valor real hasta que la perdemos, o como afirmaba el escritor Ralph Waldo Emerson: **la salud es la primera riqueza. No esperes a perderla para darte cuenta de su valor.**

EMPIEZA CON ESTO

Permanecer saludables es un reto en sí mismo. El cuerpo humano no está preparado para el estilo de vida moderno que llevamos. Nos pasamos ocho horas sentados en la oficina, más otro tanto mientras vamos en el tráfico, y basta con ir al súper o con abrir una aplicación para conseguir alimentos, muchos de los cuales son procesados y cargados en calorías.

Antes de las primeras civilizaciones, los humanos tenían que moverse de un lugar a otro para obtener agua y comida. El proceso los mantenía activos, y los alimentos obviamente eran naturales, cargados de los nutrientes necesarios para el organismo. Ya después, cuando descubrieron que podían cultivar y perfeccionaron sus técnicas, se fueron asentando en lugares fijos y los hábitos se han ido transformando desde entonces. Con esto no quiero decir que era más fácil estar saludable hace miles de años (la esperanza de vida no era ni la mitad de lo que es hoy), sino que simplemente nuestros cuerpos no evolucionaron para las rutinas que experimentamos hoy en día, y eso hace que mantenerse saludable en el contexto actual sea complejo.

La pregunta es, entonces, ¿cuál es la mejor fórmula para mantenerse saludable?

Más allá de la respuesta obvia (actividad física, régimen alimenticio, etc.), te comparto un consejo que a mí me ha servido bastante desde que empecé a procurar mi salud: conoce tu cuerpo.

Algunos funcionamos mejor en la mañana, estamos más despiertos y la luz del sol nos llena de energía, mientras que otros prefieren la quietud de la noche para activarse. No todos tenemos la misma tolerancia a climas fríos o muy cálidos, ni tampoco reaccionamos igual a situaciones de estrés. Hay quienes tienen más resistencia a la actividad física o al ejercicio cardiovascular por simple genética, y todos poseemos distinto umbral del dolor.

Nuestros cuerpos son diferentes en complexión, tamaño y estructura, producto de la evolución y de la combinación de genes de nuestros antepasados. Pero lo importante es conocer el tuyo. **El cuerpo es sabio. Aprende a escucharlo y a entenderlo.** Trata de construir una rutina y estilo de vida alrededor de sus alcances y limitaciones. Préstale atención y hazle caso cuando te pida descanso, activación física o alimentos de mejor calidad para facilitar el metabolismo.

Este tip me ha acompañado a través de los años. Cuanto más consciente soy sobre lo que le hace bien y lo que le hace mal a mi cuerpo según mi edad, más información tengo para procurar mi salud y tomar decisiones que me permitan conservarme en buen estado físico y mental.

EL INTERÉS COMPUESTO EN LA SALUD

Cuando inviertes tu dinero en un activo o negocio es porque tienes la expectativa de generar rendimientos. El interés compuesto sucede en el momento en que reinviertes las ganancias generadas a raíz del c apital inicial para producir nuevos intereses. Con el tiempo la inversión crece de forma exponencial, cada vez más rápido porque va capitalizando sobre las nuevas utilidades, que a su vez son mayores que las anteriores en cada iteración. A eso es lo que llaman la magia del interés compuesto, y lo mejor de todo es que no solo se aplica a las finanzas, sino también a muchos aspectos de la vida.

Tú puedes, por ejemplo, capitalizar sobre los beneficios que obtienes cuando practicas hábitos saludables. Pongamos el caso del ejercicio y la actividad física. Cuando se hace de forma periódica, el impacto inmediato se traduce en la quema de calorías, lo cual ayuda a controlar el peso y a estar en mejor forma. Esto a su vez fortalece tu sistema inmunológico y te hace más resistente a enfermedades, lo cual te ahorra dinero en gastos médicos. Además el ejercicio libera endorfinas, mejora tu estado de ánimo, te revitaliza y aumenta tu energía.

Sobre estos beneficios vas a generar otros. En el primer fundamento te conté cómo es que, a partir de una anécdota no muy agradable, empecé a hacer ejercicio y a comer saludable. El rendimiento inmediato de mis hábitos fue perder cerca de 20 kilos, mejorar mi condición física, la apariencia de mi cuerpo, y claro, estar más saludable. Pero además, gracias a ello mejoró la percepción que tenía la gente de mí, y eso me dio confianza para ser más sociable, detectar oportunidades y aprovecharlas. O sea que sobre el beneficio inicial fui generando otros, hasta llegar a fundar OneGym, y luego convertirme en desarrollador para consolidarme como emprendedor: ganancias sobre ganancias.

Hoy sé que necesito estar saludable para agudizar los sentidos cuando hago negocios y cierro tratos. ¿Cómo lo hago? Me ejercito una hora al día, sigo un régimen alimenticio, medito, paso tiempo de calidad con mi familia y duermo de seis a ocho horas diarias. Son estos hábitos los que me permiten apuntalar mi atención, afinar mi enfoque y estimular mi motivación. Suena sencillo, pero el proceso exige disciplina, constancia, sacrificios y muchísima voluntad. Por eso te pregunto, **¿qué tan dispuesto estás a trabajar por tus objetivos?**

Para mí, **la salud es la primera piedra sobre la cual he construido todos mis éxitos,** y estoy seguro de que también puede serlo para ti. Recuerda esto la próxima vez que sientas tentación de romper la dieta, saltarte un día de gimnasio o desvelarte viendo Netflix.

¿ATAJOS?

Sí los hay, pero no son los que crees. Cuando hablamos de estar saludables y mantenernos en forma, es importante grabarnos en la mente lo siguiente: **no**

hay sustitutos para tu trabajo duro, determinación y voluntad. Olvídate por favor de los productos milagro, esos que prometen resultados en poco tiempo y sin esfuerzo. En la mayoría de los casos consumirlos es asumir riesgos innecesarios para tu salud y no te traerán beneficio alguno.

Y entonces, ¿cuál es el "atajo" a una vida más saludable? Muchas de las actividades que realizamos diariamente como lavarse los dientes, calzarse los zapatos o manejar a la oficina las hacemos en piloto automático, casi sin darnos cuenta. Lo que sucede es que el cerebro aprende, las memoriza y las programa de esa forma para ahorrar energía. Algunas de esas actividades repetitivas se convierten en hábitos que tienen impactos positivos en la vida. Pero otras se transforman en vicios que perjudican tu salud y te alejan de tus metas.

Desde el tiempo que pasamos en redes sociales, el alcohol que consumimos, igual que cierto tipo de comida, o el tabaco u otras drogas, hasta las apuestas e incluso el trabajo obsesivo, todos comportamientos adictivos, son vicios en los que caemos para escapar de la realidad y que afectan directamente a tu salud.

El "atajo" consiste en detectar esas conductas destructivas y hacer un esfuerzo consciente para descartarlas poco a poco hasta abandonarlas del todo. Y si acompañas ese esfuerzo con ejercicio y dieta balanceada, te aseguro que más temprano que tarde te sentirás más saludable, energizado y motivado.

MENTE SANA EN CUERPO SANO

Pareciera que hoy en día tener paz mental y estabilidad emocional es un lujo. La exigencia autoimpuesta de ser productivos todo el tiempo, las miles de distracciones que compiten por nuestra atención, y los compromisos que saturan nuestras agendas nos llenan de ruido la cabeza.

Es muy fácil dejarse llevar por el ritmo acelerado de los días, del trabajo y las ocupaciones en general. El problema es que el estrés y la ansiedad impactan de forma negativa en la salud mental, que es incluso más importante que la salud física.

Encuentra espacios para despejar el ruido y maneras de liberar la presión. Si necesitas un descanso, dátelo. Si sientes que tienes que hablar con alguien, no lo dejes pasar. No cargues tampoco con las emociones de otros, aprende a soltar cuando la situación lo amerita y no permitas que el orgullo destruya tus relaciones cercanas.

La salud mental es un fin en sí mismo, un componente indispensable para vivir una buena vida: no subestimes la importancia de tus emociones. Además, si de verdad quieres ser una persona exitosa, primero tienes que estar en paz contigo y con lo que haces.

DOS MITOS

Hay mucho desconocimiento y verdades a medias acerca de cómo mantenerse saludable. Lo mejor siempre será acudir con profesionales: médicos, expertos en nutrición, salud mental, medicina del deporte y otras áreas que tienen que ver con este tema. Sin embargo, en este capítulo quiero hablarte de dos mitos en particular.

1. **Cuidarse es muy caro.**

   Falso. En realidad no tiene por qué serlo. Es cierto que el dinero ayuda, pero también hay formas económicas y efectivas de mantenerse saludable. ¿Sabes qué sí es caro a largo plazo? Los vicios y sus consecuencias. Recuerda que **tu salud depende en gran medida de tus hábitos.** No dejes que el dinero sea una excusa para descuidarla.

2. **Para ser emprendedor hay que hacer sacrificios, incluso a costa de la salud.**

   Al contrario. Dale prioridad a tu salud, y verás cómo el ejercicio y tu alimentación te mantienen enfocado en tus proyectos y te ayudan a liberar el estrés al que nos sometemos cuando emprendemos y perseguimos nuestros objetivos. **Para trascender tienes que estar saludable,** no lo olvides.

OK, PERO ¿CÓMO CUIDO MI SALUD SIN GASTAR MUCHO?

Te lo resumo brevemente en tres puntos.

1. **Mueve tu cuerpo.**

   Seamos sinceros, no necesitas un gimnasio ni equipamiento caro ni un entrenador personal. Si los tienes, ¡qué bien!, aprovéchalos al máximo. Pero si no, ejercítate haciendo una actividad que disfrutes (si no te gusta, no te van a dar ganas de hacerla). Puedes caminar, correr, hacer senderismo, andar en bici, saltar la cuerda, ejercicios de fuerza con ligas, entre otros. Solo mueve tu cuerpo una vez al día durante mínimo 30 minutos.

2. **Lleva un registro de lo que comes.**
   Tu nutrición es incluso más importante que la actividad física. Es fácil ceder a la tentación de postres o alimentos altos en contenido calórico. A veces ni nos damos cuenta, y precisamente por eso se nos hace fácil. Pero te aseguro que si llevas un registro y te informas sobre lo que contienen, será más sencillo controlar lo que comes de manera proactiva y consciente. Obviamente es mejor apoyarse en un nutriólogo o nutrióloga si está en tus posibilidades, para que te haga un plan alimenticio de acuerdo con tu presupuesto.

3. **Rodéate de las personas correctas.**
   La negatividad y el pesimismo se contagian. Ya cargamos con mucho ruido en la cabeza como para cargar también con el de otras. Para cuidar tu salud emocional, rodéate de personas que agreguen valor a tu vida y te apoyen en tus metas.

EN RESUMEN

1

RECUERDA QUE SOLO TÚ ERES RESPONSABLE

La salud es la primera riqueza. Quienes nacemos con ella somos privilegiados, y preservarla está en función de nuestro estilo de vida. Por eso cuidar tu salud es una responsabilidad única y exclusivamente tuya. Procúrala.

2

CONOCE TU CUERPO

Tu cuerpo es sabio. Conoce sus alcances y limitaciones para tomar decisiones conscientes con respecto al descanso, la alimentación y la actividad física que beneficien a tu salud y estado de forma.

3

MULTIPLICA LOS BENEFICIOS

Cuando llevas un estilo de vida saludable, los beneficios inmediatos van para tu cuerpo y condición física, pero también alimentan la autoestima y tienes más energía para afrontar el día. Esos beneficios te van a traer otros, y vas a crear un círculo virtuoso en el que estás generando ganancias sobre ganancias.

4

DILE ADIÓS A LOS VICIOS

El camino más corto para una vida saludable es detectar aquellos comportamientos adictivos y actuar con fuerza de voluntad para dejarlos poco a poco. No es sencillo, pero estoy seguro de que tienes todo lo necesario para lograrlo.

5

NO SUBESTIMES TU SALUD MENTAL

Hay pocas cosas más importantes que estar en paz contigo mismo. No te dejes envolver por el ruido externo, el estrés y las preocupaciones. Encuentra espacios para la reflexión y el desahogo, y acude con profesionales si te sientes abrumado.

6

SOLO ACTÍVATE

Estar *fit* o saludable no tiene por qué costarte miles y miles de pesos. No necesitas una membresía de gimnasio o un entrenador personal. Solo encuentra una actividad que disfrutes hacer, y practícala diariamente durante 30 minutos. Eso (además de cuidar tu alimentación), te mantendrá en forma.

7

TEN PRESENTE QUE SIN SALUD NO SE LOGRA EL ÉXITO

Para ser exitoso tienes que estar saludable. Existe ese mito de que para alcanzar el éxito hay que estar dispuesto a todo, incluso a sacrificar la salud. Pero dime, ¿qué sentido tiene lograr tus objetivos si te vas a acabar? Créeme: el primer paso rumbo al éxito que buscas es estar saludable.

4

Socios

Hablar de negocios es hablar de socios.

El éxito de mis emprendimientos es producto de esfuerzos colectivos. Sí, literalmente todos: OneGym, Grupo DAGS, Solid, La Panga de Nico, Fidencio Botanero, Real Start, Amigus Social Club, etcétera.

Todo emprendimiento inicia con una idea, pero germina gracias al trabajo en equipo: personas que desde el inicio creen en la idea, y aportan capital de inversión o capital intelectual —o ambos—, para que el emprendimiento tome forma y pueda despegar.

Pero ¿dónde encontramos a esas personas?

¿Cómo nos aproximamos para platicarles de nuestra idea o proyecto?

¿Cómo sabemos si podemos confiar en ellas?

¿Cuáles son las características del socio ideal?

¿Cuál es una regla de oro entre socios?

¿Cuál es un tip para manejar de forma efectiva un negocio en el que sus socios también son amistades?

En este capítulo exploramos estas y otras cuestiones acerca de las sociedades de negocios que te van a servir para encontrar al socio ideal para maximizar los resultados y las posibilidades de éxito de tu proyecto.

¿ASOCIARSE?, ¿PARA QUÉ?

Hay un proverbio africano que dice lo siguiente: **si quieres llegar rápido, ve solo, pero si quieres llegar lejos, ve acompañado.** Para resumir la respuesta a la pregunta de esta sección, yo lo modificaría de esta forma: **si quieres llegar rápido y también lejos, ve acompañado de buenos socios.**

Hoy en día triunfar en grande en los negocios de manera solitaria es imposible. **Los éxitos de las grandes empresas que dominan sus industrias en la actualidad son el resultado de sociedades,** alianzas y sinergias de mentes afines pero complementarias y con una visión en común.

Abundan los ejemplos. Steve Jobs era un genio del marketing, y Steve Wozniak era un *crack* como ingeniero. Juntos fundaron Apple Inc., cuya capitalización de mercado está ya cerca de los tres trillones de dólares. Larry Page y Sergey Brin crearon

Google, hoy Alphabet. Warren Buffett y Charlie Munger fundaron Berkshire Hathaway, Ben Cohen y Jerry Greenfield hicieron lo propio con su negocio de helados Ben & Jerry's, y otras marcas y empresas gigantes del S&P 500 como Facebook (hoy Meta), Nike, Netflix, eBay y muchas más son también el fruto de sociedades que iniciaron con dos emprendedores (o emprendedoras) determinados en busca de objetivos compartidos.

Obviamente formar buenas sociedades tiene su chiste. A veces hay situaciones complicadas y hay que saber solucionarlas. Por eso en este capítulo quiero contarte historias personales, aprendizajes y lecciones de socios y mentores que me ayudaron a crecer en mi trayectoria como emprendedor. Además te voy a contar cómo encontrar a los mejores socios, cómo mantener una sociedad en buenos términos, cómo ser tú un buen socio y agregar valor a los proyectos, entre otras cosas relevantes que te van a ser de mucha utilidad rumbo a tus objetivos.

Por lo pronto, considera estos beneficios y ventajas a la hora de asociarte:

- Acelera el crecimiento del negocio **porque dos cabezas (o más) piensan mejor que una, y dos carteras pesan más que una.**
- Los socios no solo aportan capital, sino también su conocimiento y experiencia, sobre todo cuando ya tienen una trayectoria.

- Se forman sinergias interesantes en función del área de *expertise* de cada socio. Uno puede ser bueno para vender, otro para operar, otro para administrar, etcétera.
- La motivación y ambición de uno contagia al resto. Esto es particularmente importante cuando surgen problemas y hay que buscar soluciones.
- Por obvias razones, la red de contactos se expande para beneficio del proyecto y de los socios.
- Así como se comparten las ganancias, también se comparten los riesgos del negocio y las responsabilidades.

CARACTERÍSTICAS DEL SOCIO IDEAL

Primero tenemos que definir cuál va a ser el rol que va a jugar en el proyecto la persona que estás buscando. Es decir, ¿solo va a aportar capital?, ¿se va a involucrar en la operación?, ¿va a realizar también labor de venta? Es importante identificar las necesidades de tu proyecto para comenzar a explorar posibles candidatos que cuenten con los recursos (sea capital, experiencia, red de contactos, etcétera) que puedan dar solución a dichas necesidades.

Por otro lado, honestamente no creo que exista tal cosa como el socio ideal (ni yo lo soy, pues todos tenemos defectos). Sin embargo, sí puedo decirte en términos generales en qué me fijo yo cuando estoy buscando un socio para determinado negocio.

En primer lugar, toma en cuenta que sus valores tienen que estar alineados a los tuyos. Si no hay un entendimiento mutuo con respecto a este punto desde el principio, la sociedad va a estar destinada al fracaso tarde o temprano.

Luego hay que entender cuáles son sus expectativas y qué es lo que espera de la vida. Normalmente uno se va enterando de este tipo de cuestiones en reuniones y pláticas informales. Yo pongo atención en cómo le habla a su esposa, por ejemplo, en cómo cuida a su familia, o en si es amable con los meseros cuando estamos en un restaurante. Con el tiempo he aprendido que, aunque se trata de pequeños detalles, son muy reveladores del carácter de una persona (y del propio también).

Algo que para mí no está a discusión es la integridad. Pienso que la honestidad debe ser la base de toda sociedad de negocios saludable, porque eso construye confianza, apertura y transparencia, lo cual permite que después se convierta en prosperidad para todos sus integrantes si las condiciones lo permiten.

Por último, aunque esto pueda parecer obvio, busco personas con alta inteligencia, energía y agilidad para los negocios, con visión a largo plazo, y de preferencia que tengan habilidades complementarias a las mías, sobre todo cuando voy a emprender en una industria nueva de la que no tengo mucho conocimiento.

Evita a los pesimistas. Así como te conté arriba que la motivación y la energía se contagian, lo mismo ocurre con la negatividad, y eso puede bloquear el progreso de tu proyecto. Un pesimista desperdicia su energía enfocado en los obstáculos y creando excusas, mientras que un optimista aprovecha su energía para hallar soluciones y nuevas oportunidades.

Hoy puedo decir que todos mis socios caben dentro de mi concepto del socio ideal, y estoy sumamente agradecido con ellos porque me han ayudado a crecer y a alcanzar mis metas. Eso sí: tampoco esperes encontrar al socio ideal a la primera oportunidad. Yo también tuve tropiezos en mis inicios, pero con el tiempo y la experiencia fui desarrollando ese instinto para encontrar a las personas correctas. Y aunque ahora confío plenamente en ese instinto, reconozco que los aprendizajes y las lecciones continúan.

¿DÓNDE ENCUENTRO SOCIOS?

Somos el promedio de las personas que frecuentamos. Si te pones a reflexionar, quizá te des cuenta de que tus posiciones y formas de pensar al respecto de ciertos temas no son muy distintas de las de aquellos amigos, familiares, colegas y compañeros de trabajo que ves más.

Nuestros esquemas mentales, consciente o inconscientemente, están influenciados por el grupo de personas con el que elegimos convivir. Por eso es de suma importancia rodearse de gente creativa, íntegra y con ambiciones afines a las tuyas si quieres lograr tus metas y llegar lejos.

De seguro te preguntas qué tiene que ver esto con encontrar socios, en especial con aquellos que tienen poder financiero para aportar capital a tu proyecto. Y justamente sobre esto quiero contarte un par de cosas.

1. Dónde NO encontrar socios.

Debo confesar que en el momento en el que comencé a emprender tuve que alejarme de mi grupo de amigos más cercano. Cuando les platicaba de un nuevo proyecto, por lo general la respuesta era de rechazo, en lugar de apoyo. Me consideraban presumido o engreído, pero realmente no lo hacía por presunción, sino todo lo contrario, hablaba de mis ideas para enriquecerlas con sus opiniones. Supe entonces que ahí no iba a encontrar personas con las que compartiera una visión de negocios. Siguen siendo mis amigos, claro, pero ahora convivo más tiempo con los socios que he hecho en el camino (a quienes ahora también considero amigos cercanos). La lección es la siguiente: **si las personas con las que convives no comparten tu mentalidad, busca relacionarte con otro grupo que sí lo haga.**

2. **Las ideas y el tiempo invertido valen más que el dinero.**
   Una buena idea con un modelo de negocio sólido y alguien que quiera trabajarla es mucho más poderosa que el dinero. Antes de buscar un socio que aporte capital, fortalece tu idea, haz tu *due diligence* (que es una investigación para validar cada proyecto), y verás cómo por sí sola se convierte en un imán de capital y oportunidades. Cuando busco socios para restaurantes, por ejemplo, sé que antes tengo que haber realizado un estudio de mercado y un *benchmark*, así como contar con un buen concepto, excelente ubicación, números claros y una presentación impecable porque eso va a generar tranquilidad y confianza al inversionista que estás tratando de convencer.

Más allá de estos puntos, encontrar a un buen socio se trata de estar en el lugar correcto, en el momento indicado y aprovecharlo. No, no es una cuestión de suerte, porque en la medida que practiques los puntos que te he platicado en esta sección, se te presentarán estas oportunidades cada vez más frecuentemente.

MIS PRIMEROS SOCIOS

Como te conté anteriormente, mi primer emprendimiento fue OneGym. Imagina a un chavito de 22 años con la misión de levantar capital para un proyecto. ¿Qué fue lo primero que hice? Tocar puertas, agarrar el teléfono y preguntar entre mis conocidos, mis amigos y sus papás. No se me olvida que fueron 18 personas a las que expuse mi idea, con todo y mi inexperiencia en ese momento. Aprendí muy rápido porque ellos como expertos que eran me fueron guiando en el proceso. Se trataba de señores de entre 40 y 50 años con negocios de millones de pesos y que sabían exactamente qué preguntas hacer. De tal forma que al llegar con la persona número 18, yo ya estaba muy bien preparado y contaba con todas las respuestas y la información necesaria.

Así me hice de mis primeros socios: Emilio Califa y Javier González Jiménez. Junto con mi hermano fundamos OneGym. Tanto Emilio como Javier me habían ayudado a cambiar mi estilo de vida por uno más saludable cuando era adolescente. Como ambos tenían hábitos impecables en cuanto a alimentación y ejercicio, para mí fue un paso obvio platicarles la idea e invitarlos al proyecto. Con el apoyo de sus familias sacamos adelante este emprendimiento que ya tiene 11 años operando. Sus padres, quienes aportaron el capital y eran ya empresarios experimentados, nos exigían lo mejor para sacar el máximo provecho al negocio, proyectarnos nosotros mismos y comenzar a hacernos de un nombre.

Ese primer escalón me dio la confianza para continuar avanzando y relacionarme con personas de mucho prestigio en los negocios. Por ello agradezco profundamente a Emilio, Javier, sus familias (y a mi hermano) la confianza que depositaron en mí.

LA PACIENCIA PAGA

Quiero cerrar este fundamento con una historia. Un día, estando en un restaurante, un comensal de la mesa de al lado vio que traía la llave de mi carro en la mano. "Qué bonito está tu Porsche", me dijo. Se lo agradecí y me dio buena espina por su amabilidad y autenticidad. Ahí mismo platiqué con él y de inmediato hicimos clic. Resulta que esta persona, hoy mi socio, amigo y mentor, Javier González C. (distinto de mi otro socio Javier González Jiménez), era director de un banco.

Me invitó a presentarle mis proyectos, lo cual hice con gusto y total apertura. También le hablé de mis utilidades y de cómo estaba estructurado financieramente. Al poco tiempo se hizo mi socio con el objetivo de levantar capital juntos e impulsar el crecimiento de mi desarrolladora inmobiliaria DAGS. Tal fue el éxito de esta alianza que el dueño del banco decidió invertir en el negocio al poco tiempo.

En 2016 estuvimos cerca de cerrar tres grandes proyectos. El problema fue que Casas del Tec y otro desarrollador elevaron el valor de los terrenos al ofrecer una propuesta más alta de lo que teníamos contemplado. Fui sincero con Javier: le comenté que, de seguir adelante, íbamos a tener que sacrificar los rendimientos que habíamos prometido y que prefería ser transparente y desistir antes que arriesgar el prestigio, a lo cual estuvo de acuerdo.

Tiempo después recibí una llamada. Me ofrecían un terreno en aportación para desarrollar sobre avenida Revolución. Enseguida hablé con Luis Azcúnaga, gran arquitecto y socio también, para empezar a armar un anteproyecto. Pero es aquí donde la historia da un giro inesperado. Me llama Javier y me cita para ir a comer. Ahí me cuenta que tanto él como otros socios llevaban ya un tiempo luchando por ese terreno, y me pedían que, por favor, retirara la propuesta que habíamos hecho para no tumbarles la operación.

Mi respuesta fue un sí inmediato. No hice preguntas ni comenté nada al respecto. ¿Por qué?, porque Javier me había abierto las puertas del banco y me había presentado al dueño. Esa era mi forma de agradecérselo. Sí, estaba dejando ir un negocio, pero al mismo tiempo estaba siendo congruente con mis valores. Además sabía que más adelante surgirían nuevos proyectos, así que en realidad con esa simple acción al cerrar una puerta abría otras, solo había que tener paciencia.

La oportunidad llegó apenas seis meses después en el momento ideal. Me llamó Javier para informarme que habían logrado cerrar el terreno, y me invitaba a desarrollarlo. Hoy ese desarrollo es Livo, un concepto de usos mixtos ya con más del 70% de los espacios vendidos.

Si quieres encontrar buenos socios y tú también ser un buen socio, recuerda esto: **el prestigio vale más que el dinero. Si te riges por esa idea, las oportunidades llegarán a su tiempo.**

EN RESUMEN

1

BUSCA TANTO LLEGAR RÁPIDO COMO LLEGAR MÁS LEJOS

Busca socios con los que compartas visión y valores. Dedica tiempo y esfuerzos a crear sinergias porque eso te va a permitir escalar en potencial, crecimiento y prosperidad. Piensa que en este tipo de relaciones también ocurre el interés compuesto.

2

IDENTIFICA LAS NECESIDADES DE TU PROYECTO

Antes de buscar a un socio, ten bien claro el rol que necesita tu proyecto. Eso te va a dar la primera pista para comenzar tu búsqueda.

3

RODÉATE DE LAS PERSONAS CORRECTAS

Somos el promedio de las personas que frecuentamos. Si quieres tener una mentalidad ganadora y exitosa, rodéate de personas ganadoras y exitosas, y busca asociarte con ellas. Así de simple.

4

CONSIDERA QUE "IDEA MATA DINERO"

Una idea de negocio bien fundamentada es un imán de capital. Trabaja para fortalecerla y erradicar sus puntos débiles. Ten todas las respuestas a la mano antes de presentarla a posibles socios o inversionistas.

5

ESTÁ EN EL MOMENTO ADECUADO

Hay que saber cazar las oportunidades. Recuerda que la impresión cuenta: estar presentable es importante para inspirar confianza. Eso va a ser clave para aterrizar la oportunidad cuando estés en el momento y lugar correctos.

6

PRIORIZA SIEMPRE EL PROYECTO

Cuando surjan dificultades, opta siempre por lo que le conviene más al proyecto, aun si eso implica para ti sacrificar una oportunidad o ceder ganancias.

7

SÉ CONGRUENTE

Cuando eres congruente con lo que dices y lo que haces, la gente habla bien de ti. Así vas a generar prestigio, y no hay activo intangible más valioso en los negocios que ese.

5

Liderazgo

Así que quieres ser un líder.

Cuando te atreves a lanzar tu emprendimiento, quieras o no, vas a tener que fungir como líder: es algo que simplemente viene con el paquete. De hecho, va a ser uno de los roles más importantes que tendrás que desempeñar, porque el éxito de tu proyecto va a depender en gran medida de qué tan bien lo haces. Y créeme, ser buen líder no es nada sencillo.

¿Cuál es la función del líder?

Bueno, cada quien tiene su respuesta, pero a mí me gusta definirlo en términos sencillos como alguna vez lo dijo Corie Barry, la CEO de Best Buy desde 2019: "El rol de un buen líder debe ser dejar el lugar al que llegaste por lo menos un poco mejor de como lo encontraste".

Claro que eso se puede interpretar de varias formas: influir de manera positiva, cuidar la integridad de tu equipo, empoderar a tu gente y cumplir con el propósito de tu empresa, entre otras cosas.

En este capítulo te cuento cómo ha sido mi experiencia en mis emprendimientos y cómo procuro ser un buen líder para servir a la gente que me rodea y dejar un impacto positivo en mi comunidad.

ATENTA INVITACIÓN

- ¿Un líder nace o se hace?
- ¿Cuál es la característica más importante de un buen líder?
- ¿Todos podemos ser líderes?
- ¿El líder solo existe para cumplir objetivos?
- ¿El líder siempre tiene que ser el integrante más inteligente del equipo?
- Cuando el líder se equivoca, ¿deja de serlo?

Date unos segundos antes de continuar la lectura de este fundamento para reflexionar sobre estas preguntas.

Es normal pensar que conocemos de antemano las respuestas a estos cuestionamientos, que el concepto de líder es absoluto, inamovible e invariable como un molde. A lo largo de nuestras vidas, hemos aprendido lo que significa ser líder en las figuras de nuestros padres, o de nuestros maestros en la escuela y universidad, o en el lugar del trabajo con los jefes que hemos tenido. Y por supuesto, también en los medios convencionales y ahora en los digitales: desde actores políticos, deportistas de alto rendimiento y activistas sociales hasta celebridades e *influencers*. **Existen entonces ciertas preconcepciones en torno a la noción de liderazgo y las aceptamos como tales.** ¿Y si te dijera que son discutibles y que hay otras maneras de ser mejores líderes, más efectivos y productivos, pero también más humanos y comprensivos?

En este capítulo vamos a tratar de **desafiar lo que creemos que ya sabemos sobre liderazgo.** Te invito a ampliar un poco la perspectiva. Si al final de estas páginas te convences de las ideas que aquí discutiremos, ¡qué bien!, tendrás un nuevo enfoque a la hora de dirigir a tu equipo, o dispondrás de más herramientas para convertirte en líder. En caso contrario, al menos habremos hecho un buen ejercicio mental. Empecemos.

TRES MITOS (O VERDADES A MEDIAS) SOBRE LIDERAZGO

Más de una década de trayectoria en el mundo de los negocios y en diferentes industrias me ha dejado un cúmulo de lecciones sobre cómo ser un buen líder, a veces incluso con decepciones y tragos amargos. Como el propósito de este libro es dejarte algo de valor, quiero contarte algunas de estas lecciones para ahorrarte tropiezos y ayudarte a escalar más rápido. Por eso comenzaremos desmontando tres ideas erróneas —pero muy comunes— al respecto del tema de liderazgo.

1. Jefe ≠ líder.
Lo primero que tendríamos que desaprender es que **uno no se convierte en líder de forma automática solo por una cuestión de jerarquía organizacional.** En otras palabras, tener un puesto más alto en el organigrama, ostentar cierto estatus o ejercer poder y autoridad no necesariamente te hace un líder, al menos no uno bueno. **El título de líder es algo que se gana a pulso.** Más adelante hablaremos sobre qué es lo que sí caracteriza y distingue a un buen líder.

2. Locos por las metas.
Contrario a lo que comúnmente se cree, la prioridad número uno de un líder no debe ser el cumplimiento de una meta a cualquier costo, sino cuidar la integridad de su equipo. Sí, suena contraintuitivo, y por supuesto que las métricas son importantes, pero **los mejores resultados llegan cuando el líder se preocupa de forma auténtica y sincera por su gente,** porque eso les permite liberar su

potencial, rendir mejor y ser más productivos. La consecuencia natural de esto es lograr que el equipo funcione a tope para facilitar la obtención de las metas y métricas que buscan en conjunto.

3. ¿Madera de líder?

La mayoría de la gente cree que los líderes nacen, es decir, que hay personas con habilidades innatas y disposición natural para el liderazgo. Pero el consenso de los expertos —y con cuya opinión estoy de acuerdo porque es algo que he vivido en mis emprendimientos— es que **los buenos líderes se forjan en el camino con la experiencia y sus aprendizajes.** Si bien es cierto que hay a quienes por su personalidad y carisma se les facilita la tarea de dirigir exitosamente a grupos de personas, en términos generales la madera de líder no es exclusiva de unos pocos privilegiados con ese don, sino que es algo a lo que todos podemos aspirar.

ENTONCES ¿QUÉ DISTINGUE A UN BUEN LÍDER?

Hay otra falsa creencia que no comenté en la sección anterior porque viene más al caso en este punto. Tendemos a pensar que no es posible ser buena persona y líder eficaz al mismo tiempo, como si ambas cosas no fueran compatibles y tuviéramos que elegir entre una u otra. Tomar decisiones difíciles viene con el paquete, pero incluso en esos momentos uno puede tener la eficacia que se espera de un líder y actuar también con sentido humano.

Obviamente no es sencillo encontrar ese balance. La sensibilidad para ejercer un liderazgo eficiente sin perder humanidad es algo que vas ganando con el tiempo. Sin embargo, algo sí te puedo sugerir: si llegado el momento tienes que decidir entre sacrificar la integridad de tu equipo para alcanzar una meta o ser buena persona, elige lo segundo. **Ser buena persona es una decisión, y es la ruta que toma todo buen líder que se precie de serlo.**

El tiempo da perspectiva. A la larga uno se da cuenta de que fue la elección correcta, primero porque te permite estar tranquilo contigo mismo, y segundo porque ese tipo de acciones son las que crean confianza, cohesión de grupo y una cultura de solidaridad al interior del equipo.

Por otro lado, el concepto de sentido humano en el liderazgo es muy ambiguo. Habrá situaciones en las que no quede muy claro cuál es esa ruta de la que hablábamos antes. Por eso quiero aterrizar el concepto y explicar en tres puntos lo que para mí distingue a un buen líder:

- **Ejemplo**
  Un buen líder es coherente: se asegura de que sus palabras y sus acciones cuadren. Para tener

autoridad moral y poder de persuasión debe predicar con el ejemplo: ¿con qué cara puede pedir puntualidad si él mismo no es puntual?, ¿cómo podría promover una cultura de respeto si él no es respetuoso con los demás? **Cuando el líder inspira confianza a través de su ejemplo, el equipo se siente respaldado y funciona mejor.**

- **Sabiduría**
  El buen líder sabe reconocer y sobre todo honrar aquello que motiva a su gente. En función de ello, actúa con inteligencia y honorabilidad para impulsar al equipo, y es valiente para tomar decisiones difíciles o incómodas siendo transparente en todo momento.

- **Empatía**
  La explicación más sencilla aquí es la siguiente: **trata a tu equipo como quieres que te trate a ti.** Ponerte en sus zapatos ayuda a ver y entender las cosas desde su perspectiva. Un líder empático y preocupado de manera genuina por su gente es aquel que está dispuesto a escuchar y a ser solidario.

PAGAR EL PRECIO

Los líderes viven bajo presión constante porque en sus hombros cargan con las expectativas de otras personas, y muchas veces también con las propias. Cerrar la brecha entre esas expectativas y la realidad es una tarea demandante que exige lo mejor de nosotros.

Pongamos la siguiente comparación: un atleta de alto rendimiento tiene que hacer sacrificios en su día a día para alcanzar sus metas. Digamos que su objetivo es estar en el podio de los juegos olímpicos. Sabe entonces que tiene que entrenar dos o tres veces al día, seguir una dieta y rutina rigurosas, dormir ocho horas, evitar fiestas y distracciones, mantenerse enfocado y lidiar con el estrés, la ansiedad y el agotamiento para procurar su salud mental, todo de manera constante durante los cuatro años del ciclo olímpico.

Así como el atleta tiene que pagar un precio (sacrificios) para lograr sus sueños (medalla olímpica), el líder de negocios tampoco está exento del costo que implica serlo —aunque en otros términos, claro—. Es genial tener la etiqueta de líder, pero para nada es miel sobre hojuelas.

Cuando diriges a un grupo de personas tienes que estar consciente de que en gran medida su destino depende de ti —al menos en lo laboral—. Esa responsabilidad pesa, y uno debe prepararse para estar a la altura de las circunstancias. En ocasiones eso significa estar expuesto a críticas, sobre todo cuando utilizas tus redes sociales para tus emprendimientos, o hacer un esfuerzo para capacitarse en las novedades de tu área, o dar la cara ante un cliente cuando un integrante del equipo cometió un error, y llevarse esas quejas, regaños e incluso insultos, aun cuando no fuiste tú quien se equivocó.

Un verdadero líder demuestra fortaleza ante la adversidad, toma las decisiones necesarias para proteger a su gente y nunca abandona el barco sin importar la tempestad. ¿Estás dispuesto a pagar el precio?

HACK PARA REGAÑAR SIN SER UN TIRANO

Seamos sinceros, a nadie le gusta que le llamen la atención ni que le digan cómo hacer las cosas. A veces encontramos rechazo cuando damos retroalimentación, o nosotros mismos desestimamos las críticas al recibirlas. El caso es que una de las tareas del líder es recomponer el camino cuando el equipo se desvía del objetivo, y para ello hay que señalar cuando uno de los miembros o todos en conjunto no están haciendo las cosas como se espera.

No es un trabajo fácil; primero porque como líderes también somos humanos con emociones y hay que tener claridad para controlarlas, y segundo porque hay que transmitir el mensaje siendo lo suficientemente enérgicos para comunicar de manera efectiva, pero sin afectar la moral del grupo ni causar resentimiento.

Quiero platicarte un *hack* bien sencillo que aprendí del famoso libro *Cómo ganar amigos e influir sobre las personas,* de Dale Carnegie. Consiste en lo siguiente: cuando tengas que reconvenir a alguien acerca de su desempeño, acompáñalo de un elogio sobre algo que haya hecho bien, y luego señala lo que hizo mal pero de forma indirecta.

Por ejemplo, digamos que uno de tus vendedores no ha sido productivo últimamente. Puedes decirle que aprecias el esfuerzo que ha estado haciendo en x proyecto, y que piensas que podría tener aún mejores resultados si hiciera x o y. La crítica es indirecta y viene en segundo lugar. De esa forma tu vendedor agradecerá el comentario y estará más dispuesto a actuar como se lo indicas, además de que no vas a generar resentimiento de su parte. Al final se trata de enviar el mensaje correcto y que funcione.

Sé que no es fácil porque, como señalé antes, también somos humanos y las emociones nos pueden jugar chueco, pero sí es una técnica más efectiva que la de gritar y ganarse enemigos por ello.

DOS HISTORIAS BREVES DE LIDERAZGO

Quiero cerrar este principio con dos historias de las que podemos extraer un par de lecciones muy útiles para todo líder.

1. Permiso para equivocarse.

La primera sucedió en la década de los sesenta. Tom Watson Jr. era presidente de IBM, empresa que había fundado su papá y que en ese momento pasaba por una situación financiera complicada. De pronto llegó una oferta muy jugosa del Gobierno —un millón de dólares— para comprar gran parte de su inventario, lo cual hubiera aliviado la situación de la compañía. Pero para su mala fortuna, al final el trato se cayó. El ejecutivo de ventas responsable se presentó en la oficina de Watson, explicó sus errores y entregó su carta de renuncia.

Watson le regresó la carta diciéndole esto: "¿Por qué aceptaría tu renuncia si acabo de invertir un millón de dólares en tu educación?". Un buen líder no solo permite que su gente experimente, asuma riesgos y se equivoque, sino que lo fomenta, porque solo de esa forma, saliendo de la zona de confort, es posible crecer para beneficio propio y del equipo.

2. Un líder se hace útil.

En las crisis es bien complejo saber qué hacer como líderes, sobre todo cuando la naturaleza de la situación escapa a nuestro *expertise*. En 2013 hubo un atentado terrorista en el Maratón de Boston. El gobernador de Massachusetts, Deval Patrick, sabía que tenía que dejar al FBI y a la policía de la ciudad hacer su trabajo para resolver la crisis. Ellos eran los expertos en el tema de seguridad, no él. Así que, en vez de ponerse a dar órdenes en el centro de comando, preguntaba a los oficiales del FBI cómo podía serles útil.

Lo que hizo el gobernador fue usar su autoridad e influencia para comunicar los avances de la investigación y tranquilizar a la gente con mensajes de unión y esperanza. A veces como líderes tenemos que aceptar que hay miembros del equipo con las habilidades y conocimiento específicos para resolver cierta situación mejor que nosotros, y **nuestro rol es facilitarles lo que necesiten para que se dediquen a lo suyo.**

UNA ÚLTIMA NOTA

Dirigir a un grupo de personas en una organización para lograr una misión específica es uno de los retos más complicados que podemos asumir como seres humanos. Considera que cada miembro del grupo tiene diferentes aspiraciones, personalidad y maneras de pensar. Por eso es bien complejo formar equipos, unificar voluntades y mantenerlos motivados.

Como último apunte de este capítulo, por favor, toma en cuenta la siguiente idea: **un líder hace que todo el equipo tire para el mismo lado, pero un**

buen líder convence al equipo de los beneficios de tirar todos para el mismo lado, de forma que los integrantes lo hacen por convicción propia, y no porque hay alguien detrás de ellos dándoles órdenes.

EN RESUMEN

1

RECONOCE QUE LA ETIQUETA NO TE HACE LÍDER

Uno se convierte en un verdadero líder cuando la gente lo reconoce como tal, no cuando un papel o una firma de correo lo dice.

2

HUMANIZA LAS MÉTRICAS

Ni las métricas ni los puestos de trabajo nos definen como personas. El líder vive con la presión de los objetivos, y es su responsabilidad hacer todo lo posible por alcanzarlos, pero por encima de todo debe darle prioridad a la integridad de su equipo no solo porque es lo correcto, sino porque cuando lo hace las metas se logran casi en automático.

3

NO OLVIDES QUE EQUIVOCARSE TAMBIÉN ES CRECER

La mejor forma de empoderar a tu equipo es delegando responsabilidades y dándoles libertad para experimentar aun si las ideas no prosperan. Eso permite que pierdan el miedo, además de que potencializa el aprendizaje y genera confianza.

4

RECUERDA QUE NO TIENES QUE SER PERFECTO

No es la perfección lo que distingue a un buen líder de uno mediocre, sino su capacidad para influir y ser el referente de otras personas a través de su ejemplo.

5

TEN PRESENTE QUE SER LÍDER TIENE UN COSTO

Dirigir a grupos de personas implica asumir responsabilidades de alto nivel, invertir tiempo y esfuerzo extra para velar por los integrantes del equipo y estar expuesto a críticas internas y externas. Un líder debe saber esto de antemano y entender que es parte de su rol.

6

GRÁBATE ESTA IDEA: GRITAR NO SIRVE

No caigas en el error de dejarte llevar por tus emociones cuando las cosas no están saliendo bien o alguien no está haciendo su trabajo. En vez de regañar a la persona, haz un comentario amable seguido de la indicación que deseas comunicar para entregar el mensaje de una manera más humana pero sobre todo más efectiva.

7

CONSIDERA QUE UN LÍDER ES UN PUENTE

Si eres líder o estás en camino de convertirte en uno, siempre guíate por estas preguntas: ¿cómo puedo serle útil a mi equipo?, ¿de qué forma puedo servirles mejor?, ¿hay algo que pueda hacer para facilitarles su trabajo?

6

Vocación

Seguramente muchas veces te has hecho esta pregunta: ¿cuál es tu lugar en el mundo?

Dice Robert Greene, psicólogo, investigador y escritor, que la vocación nos viene desde la infancia. En mi caso, por ejemplo, solía acompañar a mi papá a la obra cuando era niño. Me gustaba ver cómo cada cierto día la construcción iba creciendo más y más, y me gustaba pensar que yo también era parte de eso. Entonces agarraba la pala y hacía como que trabajaba. Recuerdo que era muy cercano a la gente: me seguían el juego y lograban que me sintiera incluido.

No podía saberlo entonces, pero desde ese momento empezaba a descubrir mi potencial y a inclinarme por cierto tipo de vocación: el emprendimiento y los negocios.

Algunos tuvimos la suerte de encontrar nuestra vocación desde chicos. Otros lo van descubriendo en el camino. Estar bien y en paz con lo que hacemos es importante porque es algo que define nuestra calidad de vida. Sin embargo, a veces sí es difícil compaginar lo financiero y la salud con lo que nos gusta hacer, y es en esa línea donde se empieza a difuminar la definición de vocación.

En este capítulo vamos a hablar acerca de qué es la vocación, cómo podemos encontrarla si aún no lo hemos hecho y cómo deberíamos abordar nuestra profesión ante lo que realmente queremos hacer en la vida.

ZIGZAG

El éxito para muchos es un concepto muy ambiguo. Por el contexto en el que vivimos y la influencia que tenemos de las redes sociales, normalmente es algo que asociamos con acumulación de dinero, abundancia de cosas materiales y logros profesionales. Para mí es una combinación de cuestiones: salud, familia, trabajo, riqueza, estabilidad. Es también la libertad que tengo de tomar decisiones.

Cada quien tiene su definición. Me parece que es algo muy personal y toda perspectiva es válida, pero quería empezar el capítulo con este tema porque, más allá de lo que cada uno de nosotros entendemos por éxito, hay una verdad que sí aplica para todos: **el éxito está determinado en gran medida por la satisfacción que nos da lo que hacemos la mayor parte del tiempo.** Es decir, que es más probable que lo alcances —en tus propios términos— si disfrutas tu trabajo o aquello a lo que te dedicas, y es precisamente esto lo que nos lleva al tema de la vocación.

Mucha gente se empeña en lograr su versión de éxito a cualquier precio antes que buscar dedicarse a aquello que le apasiona, pero **¿podemos considerar exitosa a una persona que no es feliz con lo que hace?**

De nuevo, mi intención no es necesariamente que cambies tu definición de este concepto; solo quiero que consideres lo siguiente: si tienes metas ambiciosas como emprendedor o empresario, por ejemplo, es probable que tengas que dedicarle a tu negocio al menos 12 horas al día, los siete días de la semana durante los primeros años, además de que en el camino seguramente vas a tener tropiezos que dolerán pero que convertirás en aprendizajes. En ese escenario, vas a tener más disposición y voluntad de sacar adelante el trabajo diario y de levantarte de esos tropiezos si amas lo que haces, y por consiguiente estarás más cerca de tus objetivos.

Dicho de otra forma, **la ruta al éxito no es lineal: es un zigzag.** Al recorrerlo encontrarás obstáculos, trabas y dificultades que causarán frustración y te harán retroceder o desviarte de la meta, pero si lo que haces corresponde a tu vocación, tarde o temprano llegarás al objetivo. Más importante aún: sentirás satisfacción de tu trabajo y una conexión profunda y significativa con tu profesión.

Por eso, enfócate primero en descifrar lo que te apasiona y tu propósito en la vida. Si aún no sabes qué es, invierte tiempo y esfuerzo en descubrir tu vocación porque, aunque esa misión no te garantiza el éxito como tal, sí es un paso en la dirección correcta.

CÓMO ENCONTRÉ MI VOCACIÓN

Hay quienes saben desde chicos a qué se van a dedicar cuando sean grandes. Otros nos dimos cuenta más tarde, y lamentablemente hay muchos más que nunca lo descubren, o bien que nunca tuvieron la oportunidad de hacerlo. Quienes encontramos nuestra vocación y podemos dedicarnos a lo que nos gusta somos afortunados.

En todo caso, este descubrimiento ocurre en distintas circunstancias para cada uno de nosotros. Yo empecé trabajando como supervisor de obra en un proyecto de la colonia San Jerónimo en Monterrey. Fueron días de mucho aprendizaje, de estar en contacto con los trabajadores de la obra y de sensibilizarme acerca de sus condiciones laborales. Fue esa experiencia la que me permitió averiguar mi vocación como emprendedor guiado por un principio: crear valor y ayudar a los demás.

Yo ya sabía lo que era sentirse *bulleado* y en una posición de desventaja por la historia que les conté en capítulos anteriores. Por eso cuando en la obra observaba que los trabajadores no recibían un trato digno por parte de los contratistas o incluso del dueño, sentía las injusticias casi en carne propia —obviamente guardando proporciones.

De ahí surgió la inquietud de emprender negocios y fundar mi desarrolladora con una filosofía de trabajo que continúo aplicando al día de hoy: trato digno a todo el equipo y reciprocidad en la creación de valor.

Hacer negocios es una forma de ayudar y mejorar la vida de otras personas. Es una actividad que disfruto mucho y que justo por eso cada vez aprendo más y me convierto en mejor empresario y persona.

Ese pilar me ha permitido reproducir un círculo virtuoso cuyos beneficios se traducen en nuevas oportunidades y proyectos para seguir favoreciendo a más gente. Hoy soy desarrollador inmobiliario y tengo negocios en otros sectores como en el de la salud y bienestar, educación, restaurantes y alimentos, y en absolutamente todos ellos nos guiamos por ese mismo principio: trato digno y creación de valor.

Desde luego que ha habido días negativos y frustrantes, pero son parte del viaje. En ocasiones hasta me divierto resolviendo los problemas porque dentro de mí siento que nací para esto y encuentro significado en lo que hago.

Por todo lo anterior me gusta pensar que soy una persona exitosa no por los resultados de mi trabajo ni por mis negocios, sino porque hallé la manera de dedicarme a lo que me gusta, ayudar a los demás y destacar en ello.

TU LUGAR EN EL MUNDO

Hablar de vocación es fácil, pero encontrar la propia es todo lo contrario. Si hay algo complejo en la vida es descubrir quién eres en realidad y, más aún, quién quieres ser. Reflexionar en ello es importante porque, en primer lugar, nos permite entender al mundo, interpretarlo y saber dónde estamos parados; y, en segundo lugar, porque es fundamental para decidir a qué nos vamos a dedicar y en qué vamos a ocupar nuestro tiempo.

No hay una ruta infalible para descifrar tu vocación, pero quiero darte tres ideas que te van a servir para acercarte a ella en caso de que aún no lo tengas del todo claro.

1. **Primero encuentra tu propósito.**
   Solemos pensar en nuestra felicidad como la meta final en la vida, y dado que es popular el cuento de que el dinero compra la felicidad, es común que haya mucha gente dispuesta a hacer lo que sea con tal de acumular dinero. Pero irónicamente ese enfoque nos hace miserables, y por eso propongo otro ángulo: encuentra tu propósito primero. De hecho, está científicamente comprobado

que **aquellos que buscan tener una vida con sentido y que persiguen un propósito tienden a vivir más, con una mejor salud física y mental** e incluso con gran prosperidad económica, y por lo tanto son más felices. Abocarse a un propósito te va a acercar a una profesión adecuada para ti y te permitirá conectar en un nivel más profundo con tu trabajo.

Esto lo digo por experiencia propia. Como lo expliqué antes, yo descubrí mi vocación después de encontrar un propósito. Ayudar a otros a través de mis emprendimientos es algo que me da mucha satisfacción, y la felicidad que eso me produce es una consecuencia.

2. **Haz las preguntas correctas.**
Investigar sobre el mercado laboral, sueldos y oportunidades para una profesión sin duda es importante, pero no son las preguntas correctas si quieres saber cuál es tu lugar en el mundo. Pregúntate ¿por qué logros o acciones te gustaría que te recordaran los demás?, ¿qué legado quieres dejar al retirarte?, ¿qué tipo de actividades disfrutas hacer?, ¿en cuál o cuáles de ellas destacas o crees que tienes potencial?

3. **Trabaja en algo que se sienta como un juego.**
Este consejo es de Naval Ravikant, empresario de Silicon Valley. En el libro *The Almanack of Naval*

Ravikant, escrito por Eric Jorgenson, explica que para él levantar capital para armar empresas dedicadas a la tecnología es una actividad divertida y que se la pasa 16 horas al día analizando datos, entendiendo las innovaciones y reuniendo equipos de expertos en diferentes áreas con el fin de echar a andar dichas empresas. Por eso dice que él siempre está "trabajando" porque lo que hace parece trabajo para otros, pero para él es como si estuviera jugando.

Me identifico mucho con este *hack* porque es precisamente lo que ocurre conmigo. Cuando voy manejando y me topo con un terreno enseguida hago cálculos mentales de las dimensiones, investigo el uso de suelo y factibilidades, estimo plusvalía, etcétera, porque para mí es entretenido hacerlo. Por eso sé que mi vocación son los negocios, en particular el desarrollo inmobiliario.

Algo que tenemos que tomar en cuenta es que **la vocación no llega como una epifanía o un llamado repentino** que sentimos de algún modo. En realidad, es un proceso, una idea que va germinando poco a poco conforme reflexionas y acumulas experiencias, hasta que te vas reconociendo a ti mismo como la persona que quieres llegar a ser y que proyectas en tu mente.

TEST: CÓMO SABER SI TU PROFESIÓN ACTUAL ES TU VOCACIÓN

Tener dudas es humano. La capacidad de desconfiar —incluso de nosotros mismos— es una de las cosas que vino con la evolución de nuestra especie como un recurso para la supervivencia. Pero en el contexto social y moderno esa capacidad nos puede traicionar y complicar la vida. Quizá sea el caso, por ejemplo, de que no tengas total certeza al respecto de tu profesión. Puede que disfrutes lo que haces, pero que al mismo tiempo carezca de significado para ti, y que por lo tanto no sea esa tu verdadera vocación. O peor aún, puede que sufras de ansiedad por el costo de oportunidad de no estar dedicándote a lo que realmente te daría satisfacción y sentido de autorrealización.

En ese escenario, yo sugiero plantearte esta pregunta: **si tuvieras todas tus metas cumplidas al día de hoy y el dinero no fuera una limitante, ¿te dedicarías a algo distinto?**

Si lo tienes claro, la respuesta flotará de inmediato en tu mente, pero no tienes que responder enseguida. Es una simple pregunta que invita a la reflexión y a sopesar opciones. De hecho, tal vez no exista una respuesta definitiva, pero estoy seguro de que te brindará claridad para abordar la discusión desde nuevos ángulos.

VALIENTE, PERO INTELIGENTE

Trabajar de 8 a. m. a 5 p. m. en una empresa tiene muchas ventajas, empezando por la estabilidad y certidumbre laboral que te da una posición de ese tipo. Al independizarse uno asume muchos riesgos, aunque obviamente están justificados por el potencial que representa la recompensa.

Dicho esto, si en la actualidad eres empleado y sientes que tu vocación está fuera de una empresa, ya sea emprendiendo un negocio o con otro tipo de proyectos, considera lo siguiente:

- No dejes tu trabajo sin tener un plan antes. Idealmente, echa a andar tu emprendimiento y trabaja en él después del horario laboral o en fines de semana para que te pueda dar seguridad y certeza una vez que dejes de percibir un sueldo cada quincena.
- Recuerda que el dinero es un medio para un fin, y por ahora tu fuente de ingreso viene de tu empleo. Antes de renunciar, ahorra lo suficiente para vivir al menos seis meses sin ingresos. De esa forma podrás dedicarte a tu emprendimiento con más tranquilidad y libertad.
- Evita dejarte llevar por el concepto de amor al arte. Para que tu proyecto sea viable para ti, además de gustarte, tener talento para ello y disfrutar lo que haces, tiene que retribuirte económicamente

para sostenerte a ti y a tu familia. Si tu proyecto no es lucrativo debido a su naturaleza, busca cómo hacerlo rentable o al menos autosostenible.

La decisión de renunciar a un empleo para perseguir tus sueños requiere de mucha valentía, pero eso no significa que no pueda hacerse con inteligencia. Estar preparado para dar ese paso ayuda a mitigar los riesgos que supone esa decisión. Estructura tu plan antes de dar ese importante salto de fe.

EN RESUMEN

1

DISFRUTA DE LO QUE HACES

Más allá de cuántos logros y dinero acumules, no puedes ser realmente exitoso si no disfrutas lo que haces.

2

PREGÚNTATE: "¿POR QUÉ HAGO LO QUE HAGO?"

La vocación está determinada por el propósito que nos planteamos para la vida. Al final se trata de estar satisfechos y orgullosos del producto de nuestro esfuerzo, y no de acumular lujos y cosas materiales.

REINICIA

3

PIENSA EN TU LEGADO

Si aún no sabes cuál es tu vocación, piensa en cómo quieres ser recordado y qué legado quieres dejar. Eso te ayudará a aclarar el panorama.

4

HAZTE LA PREGUNTA DEL MILLÓN

En caso de que tengas dudas sobre tu profesión actual y estés pensando en cambiar de carrera, hazte esta pregunta: ¿te dedicarías a algo distinto si tuvieras ya todas tus metas cumplidas?

5

TRABAJA Y JUEGA

Cuando estés trabajando y la rutina no se sienta como tal sino como un juego, es decir, cuando disfrutes las actividades que son parte de tu trabajo —ya sea como empleado o empresario— entonces habrás hallado tu vocación y tendrás una ventaja sobre tus competidores.

6

CONSIDERA EL DINERO COMO UN MEDIO

Recuerda dos cosas cuando analices el concepto del dinero como factor en el tema de vocación versus ocupación: perspectiva y cabeza fría. Es muy fácil dejarnos llevar por los números. El dinero va a ser necesario para tus planes, pero no deja de ser más que una herramienta.

7

NO RENUNCIES TODAVÍA

Si sientes que no naciste para trabajar en una empresa con horario fijo, antes de renunciar haz un plan estructurado sobre tu proyecto y ponlo en marcha.

7

Riqueza

Todo mundo quiere ser rico, y entre más rápido mejor.

La mala noticia es que cada vez es más difícil...

En México, por ejemplo, el 10% de la población más rica acapara el 79% de la riqueza de todo el país, según el Reporte Mundial de la Desigualdad 2022 del World Inequality Lab. Desafortunadamente esta tendencia no es exclusiva de México, sino que es global: cada vez hay menos movilidad social.

De acuerdo con un estudio de la Purdue University, muchos de nuestros hábitos financieros se forman a la edad de siete años. Nuestra relación con el dinero está influenciada por nuestro entorno y sobre todo por cómo se expresan acerca de este quienes nos rodean a esa edad. Por eso también a veces podríamos estar persiguiendo la riqueza por las razones incorrectas o por motivos superficiales sin siquiera darnos cuenta.

Para hacer frente a las problemáticas que te planteo en los párrafos anteriores, en este capítulo quiero contarte cómo construir un patrimonio de forma inteligente, cómo forjar un *mindset* distinto para cambiar nuestra forma de ver el dinero y cómo adquirir habilidades que te permitan generar ingresos pasivos para asegurar un futuro tranquilo y disfrutar de libertad financiera.

¿DE QUÉ HABLAMOS CUANDO HABLAMOS DE RIQUEZA?

Si hiciéramos una encuesta y preguntáramos a la gente qué es lo primero que se le viene a la mente cuando piensa en riqueza, es muy probable que la respuesta más común sería una cuenta de banco con muchos ceros, o algo por el estilo. Pero si te preguntara a ti, ¿qué contestarías?

En este principio vamos a hablar de dinero, formas inteligentes de ganarlo y de cómo usarlo a manera de herramienta para obtener aquello que anhelas —y no me refiero necesariamente a cosas materiales.

También hablaremos del concepto de riqueza en un sentido más amplio. No para redefinirlo, sino para tratar de apreciar otras cosas que, aunque no nos demos cuenta, nos hacen ricos de otras maneras.

A todos nos enseñaron de chicos el significado del dinero. Conforme crecemos vamos entendiendo cómo funciona, cómo está relacionado con el poder y el estatus y cómo segmenta a la sociedad en ricos, pobres y clase media. Además, copiamos comportamientos, y los medios y la cultura a los que estamos expuestos y que ejercen influencia sobre nosotros nos hacen creer que el dinero soluciona todos los problemas, de tal forma que lo tomamos como si fuera sinónimo de felicidad.

Desde luego que **el dinero soluciona problemas, pero no todos.** La salud, por ejemplo, no se reemplaza ni con todo el dinero del mundo; tampoco es posible comprar tiempo perdido, ni viajar al pasado para cambiar tu historia, ni ir al futuro para anticiparla.

Lo problemático de pensar en el dinero como remedio y sustituto de plenitud es que después tomamos importantes decisiones de vida con ese *mindset*: dónde trabajas, con quién te casas, con quién pasas el tiempo, etcétera. Peor aún, porque si no tenemos dinero entonces no nos sentimos felices y plenos, y si lo tenemos, no es suficiente porque nos comparamos con otros.

El concepto de riqueza, así como el de éxito, también es ambiguo y relativo. Para mí, construir riqueza es algo que va más allá del dinero. Una persona rica no es la que solamente tiene mucho dinero, sino que tiene lo suficiente para satisfacer sus necesidades y uno que otro lujo, pero que además disfruta de su familia, de sus *hobbies* y las cosas que le gustan, que valora el hecho de tener salud y se cuida, y que aprecia los pequeños detalles de la vida.

Por eso no te desgastes trabajando duro todos los días con el único objetivo de acumular todo el dinero posible sin antes hacerte esta pregunta: ¿qué significa el dinero para ti y por qué quieres ser rico?

OTRAS FORMAS DE RIQUEZA

Ya que estamos en eso, hagamos una reflexión para definir qué sería una vida rica para ti. Ramit Sethi es un emprendedor estadounidense y asesor de finanzas personales, autor del bestseller *I Will Teach You to Be Rich* (*Te enseñaré a ser rico*). En él señala que nuestra relación con el dinero, determinada desde chicos por la cultura en que vivimos, la familia con la que crecemos y nuestro contexto sociocultural, es lo que muchas veces nos impide ser verdaderamente ricos, o bien lo que nos genera sentimientos negativos con respecto a nuestras finanzas. Por lo tanto, es esencial reconocer cómo es esa relación que tenemos con el dinero y de dónde viene para cambiar el *mindset* y tomar mejores decisiones de acuerdo con nuestra propia definición de riqueza.

Como ya mencioné antes, el dinero sin duda es parte de una vida rica, pero ¿qué más cabría para ti en esa definición?; ¿en qué te gustaría trabajar?,

¿en una empresa o de manera independiente?; y si es en una empresa ¿en qué industria, compañía y qué puesto?; si es de manera independiente, ¿en qué tipo de proyectos te gustaría invertir tu tiempo?, ¿cuál sería tu ingreso ideal?, ¿qué tipo de ritmo quisieras llevar en el día a día?, ¿a qué edad quisieras retirarte?, ¿cuáles son tus planes con respecto a tu familia?, ¿y con respecto a tu patrimonio?, etcétera.

La intención de esto es reflexionar para definir y visualizar lo más posible lo que para ti sería una vida de riqueza. No tiene que ser una visión fija y definitiva porque conforme avanzamos en nuestros objetivos y en edad nos damos cuenta de otras cosas que no habíamos considerado inicialmente y nuestras prioridades cambian con el tiempo. Lo importante es estar consciente de esa visión y trabajar para alcanzarla sin sobrevalorar el dinero perdiendo de vista todo lo demás que también nos hace ricos.

CÓMO CONSTRUYO MI RIQUEZA

Al empezar a tener éxito en mis primeros emprendimientos, la riqueza era algo que sucedía como consecuencia del trabajo duro. Con los años, uno va descubriendo los aspectos más relevantes de ese esfuerzo, los que hacen la diferencia, es decir, de las cosas que replicaba y que sin saberlo multiplicaban las probabilidades de éxito y las oportunidades de negocio.

En términos generales, he construido mi riqueza a base de disciplina, compromiso y mucho aprendizaje de mis fracasos. Siendo más específico, hay algo muy claro y sencillo que me ha hecho crecer de forma exponencial: respetar el dinero ajeno.

Quizá no seas consciente de ello en el momento, pero cuando un inversionista confía su patrimonio en ti, la oportunidad que tienes en las manos es de un potencial enorme. ¿Por qué?, porque si cumples con sus expectativas y honras los acuerdos, ese inversionista te va a buscar de nuevo en el futuro y va a hablar bien de ti con sus socios y red de contactos, por lo cual surgirán nuevas oportunidades.

Como desarrollador inmobiliario, entiendo perfectamente que el compromiso con mis socios es lo más importante. Ellos me confían su patrimonio aportando terrenos y yo respondo a esa confianza asumiendo la responsabilidad de lo que ocurre con su capital, supervisando personalmente los proyectos y haciendo que las cosas sucedan en tiempo y forma.

Han sido 10 años de mucha disciplina y trabajo —también de dolores de cabeza—, pero me han dado resultados satisfactorios, además de que a ello le debo el prestigio del que hoy gozo y que es uno de mis principales activos como empresario para captar nuevas inversiones y oportunidades.

NOTA SOBRE LA LIBERTAD FINANCIERA

Si hay un término de moda hoy en día cuando hablamos de finanzas personales es el de libertad financiera. Como concepto, en estricto sentido se refiere al hecho de percibir suficientes ingresos pasivos que cubran tus gastos fijos (vivienda, comida, vestimenta, servicios, etcétera) sin tener que trabajar activamente para sostener el estilo de vida que tienes en la actualidad.

En otras palabras, esto significa adelantar tu retiro —si tienes menos de 65 años— ganando dinero cada segundo, incluso mientras duermes, para ser dueño de tu tiempo. Pero alcanzar la libertad financiera tiene su chiste porque hay que saber invertir en los activos correctos que te aseguren buenos rendimientos y cuyo valor se aprecie con los años, como es el caso de las inversiones inmobiliarias. La otra ruta es crear un negocio y escalarlo de forma que no tengas que estar al pendiente de él todo el tiempo, como vender cursos y herramientas digitales que aporten valor a tus clientes, y que es precisamente lo que estamos haciendo con Real Start.

En lo personal, sin embargo, me parece que todo este asunto se mira desde un ángulo incorrecto, al menos parcialmente. Mi recomendación es que **no te obsesiones con alcanzar tu libertad financiera en este momento o en el corto plazo.** Mejor encuentra un trabajo que disfrutes —y que te pague lo suficiente para cubrir tus gastos e invertir un poco—, y si ya lo tienes, entonces sí diseña tu plan para ser financieramente independiente.

Lo anterior lo comento porque he visto a mucha gente desvivirse por empleos que detestan pero que pagan muy bien, en vez de buscar trabajos que sí disfruten, porque creen que eso los va a acercar más rápido a su libertad financiera. Desde mi punto de vista, me parece que **no tiene mucho sentido postergar tu felicidad a cambio de un futuro probable con dinero suficiente para no trabajar.**

Con esto no quiero decir que no persigas tu libertad financiera, al contrario: aprende a invertir, haz un presupuesto, diseña un plan para el mañana, pero que no sea a costa de sentirte desdichado en un trabajo que no disfrutas hoy.

Déjate guiar por tu curiosidad intelectual y tu instinto, ya sea emprendiendo un negocio, creando tu marca personal para capitalizar en el futuro o construyendo un portafolio de inversión, y deja que el interés compuesto haga el resto. Créeme que no hay mejor manera de aspirar a la libertad financiera que esa.

TRES HABILIDADES PARA HACER RIQUEZA

No te vas a hacer rico por pura suerte. Por poner un ejemplo, de acuerdo con la revista *Forbes*, las probabilidades de ganar la lotería Powerball de Estados Unidos es de 1 en 292 millones. Existen otros sorteos con números más favorables, pero aun así las probabilidades de ganar son extremadamente bajas.

Hacer riqueza no es una cuestión de suerte; es una habilidad que se deriva de la combinación de otras habilidades. Para mí, estas son las más importantes:

1. Saber vender.

Hay muchísimas maneras de vender, solo tienes que identificar cuál o cuáles son las que más se adecúan a tu contexto y explotarlas. No es lo mismo vender en internet —ya no digamos en una red social u otra— que directamente con el cliente final cara a cara. Tampoco es igual armar un *sales pitch* para un *millennial* que para un *baby boomer*. Ese criterio y sensibilidad se adquieren con la experiencia. Sal de tu zona de confort, pierde el miedo, practica y ponte a vender. Al principio será difícil y aterrador, pero después de un tiempo te sentirás como pez en el agua. Hablaremos más sobre cómo hacerte un experto en ventas en el noveno fundamento.

2. Crear valor.

Vender solo por el hecho de vender no es lo ideal. Tu *pitch* puede ser muy convincente y profesional, pero si no lo respaldas con un producto, servicio o información de valor para tu cliente, lo único que vas a ganar tú, tu marca o empresa es una mala reputación. Crea contenidos, productos y servicios que solucionen problemas y aporten valor para tus clientes y para tu comunidad.

3. Aprender inteligentemente.

El mundo cambia cada vez más rápido, y con él, las industrias, los negocios, las preferencias de tus clientes, etcétera. Es indispensable continuar aprendiendo sobre el giro al que te dedicas para no quedarte fuera de la jugada. Tienes que volverte un experto y dominar tu tema. No cometas el error de pensar que ya lo sabes todo. Lee libros sobre tu industria, investiga tendencias, haz *networking* con expertos incluso de otros países, absorbe toda la información que puedas para desarrollar criterio y tomar decisiones inteligentes. Te pongo un dato: hoy el promedio de vida de una compañía del índice S&P 500 es de 21 años. En 1965 era de 32 y en 1920 era de 67. Si no continúas aprendiendo y reinventándote, el mercado te come.

CUATRO VERDADES RÁPIDAS SOBRE HACER DINERO

Evidentes o no, quiero que tengas en cuenta estas cuatro verdades cuando tomes decisiones a la hora de formar un patrimonio. Parecen simples, pero te sorprenderías de saber cuánta ignorancia existe desafortunadamente al respecto de cómo forjar finanzas personales sólidas.

1. **No te harás rico solo trabajando.**
   Tu trabajo de ocho horas al día no te va a alcanzar para lograr tu libertad financiera. Vas a necesitar fuentes de ingresos pasivas, y para eso hay que aprender a invertir.

2. **Invertir > ahorrar.**
   Si tu dinero no te está generando rendimientos, entonces está perdiendo valor con el tiempo. No tiene sentido ahorrar y dejar el dinero parado. Aprende a invertir en bienes raíces, en la bolsa o en temas que te interesen, hay un montón de opciones.

3. **Juega a largo plazo.**
   Así como Roma no se construyó en un día, tú tampoco te vas a hacer rico de la noche a la mañana. **La constancia y la paciencia pagan.** Escala tu conocimiento, capitaliza y confía en el interés compuesto. A mí me llevó 11 años.

4. **El dinero fácil no existe.**
   No hay dinero fácil. Lee esto y vuélvelo a leer. El dinero llega para quienes lo trabajan de forma honesta y con inteligencia. Algunos te van a prometer rendimientos altísimos en plazos súper cortos. Ten cuidado, investiga bien antes de invertir tu patrimonio, pide referencias y diversifica siempre tu portafolio, no metas todos los huevos en la misma canasta. Usa tu sentido común.

UN ÚLTIMO CONSEJO

El *networking* juega un rol de mucho peso en la generación de riqueza. Entre más grande sea tu red de contactos, más oportunidades de negocio, de levantar capital y de inversiones interesantes.

Pero el consejo que quiero darte es este: **aprende de los errores de otros.** En los últimos años eso me ha ahorrado mucho dinero. No tengas miedo de preguntar a tus contactos sobre cierto tema antes de tomar una decisión importante. La mayoría de las veces la gente de negocios está dispuesta a compartir su experiencia, y de no ser el caso, lo peor que puede pasar es que te digan que no y listo. Los atajos a la riqueza también están ahí, en la sabiduría de tu red de contactos. Solo asegúrate de retribuir a los que comparten su conocimiento, ser agradecido con quienes te abren la puerta y de nunca criticar a los que la cierran.

EN RESUMEN

1

DESCUBRE TU PROPIA DEFINICIÓN DE RIQUEZA

Olvida todo lo que aprendiste del concepto de riqueza en los medios, redes sociales y círculo cercano; luego respóndete: ¿qué es riqueza para ti?

2

RESPETA EL DINERO AJENO PARA MULTIPLICAR EL PROPIO

Cuida el dinero de tus socios e inversionistas como si fuera tuyo. Si cumples con las expectativas y entregas rendimientos, construirás una reputación sobre la que podrás capitalizar después.

3

TEN PERSPECTIVA SOBRE LA LIBERTAD FINANCIERA

No postergues tu felicidad y lo que quieres hacer hoy en aras de una libertad financiera temprana. En la vida no hay certezas. Haz tu plan y pon en orden tus finanzas personales, pero no aplaces tus sueños.

4

RECUERDA QUE LA RIQUEZA NO ES UNA CUESTIÓN DE SUERTE

Las personas más adineradas del mundo no forjaron su riqueza con suerte, sino desarrollando habilidades. Aporta valor solucionando problemas, nunca dejes de aprender y hazte experto en el arte de las ventas.

5

MULTIPLICA TUS FUENTES DE INGRESO

Para ser rico hay que invertir, es así de sencillo y complejo a la vez. Instrúyete en el tema de inversiones inmobiliarias, bolsa de valores, *fintech*, etcétera, para construir fuentes de ingresos pasivas. Sé constante y hazlo un hábito.

6

MEMORIZA EL DICHO: "NO TODO LO QUE BRILLA ES ORO"

Desconfía de los rendimientos altos (como regla general diría que más de un 15% anualizado ya es motivo de sospecha), investiga antes de invertir y busca referencias. Reduce los riesgos diversificando tu portafolio y juega siempre a largo plazo.

7

APRENDE DE LOS ERRORES DE OTROS

Evita pasos en falso consultando con tu red de contactos antes de tomar decisiones importantes con respecto a tu negocio o patrimonio. Siempre será mejor ejecutar con información y fundamentos que con las emociones.

8

Marca personal

¿Cómo quieres ser recordado?

Cuando eres emprendedor, uno de los elementos o atributos intangibles que integran el producto o servicio que estás ofreciendo al mercado eres tú mismo: la imagen que proyectas hacia el exterior, tu historia, tu narrativa.

Me explico. A veces, cuando escuchamos cierto nombre, de inmediato lo asociamos con aquello que lo identifica, ya sea un atleta, un artista, un músico, un emprendedor, etcétera. Pongamos un ejemplo: ¿por qué las Kardashians tienen tanto éxito? Primero porque son muy buenas contando una historia que las identifica, y segundo porque sus productos están asociados a su marca personal.

El concepto de marca personal tiene que ver con cómo te percibe el mundo, y cuando estás en el mundo de los negocios, se vuelve particularmente importante porque quieres inspirar confianza, credibilidad y autenticidad para multiplicar tus oportunidades.

No se trata de la fama ni de ser un *influencer*, sino de crear una reputación por diseño y de manera honesta y consciente sobre la cual apalancarte.

En este capítulo te cuento cómo he creado mi marca personal y te doy consejos para que no cometas los mismos errores que yo cuando empecé a trabajarla.

UNA CATAPULTA

Como seres sociales, todos los días interactuamos con otras personas en los ámbitos en los que nos desenvolvemos. De esas interacciones y de la imagen que proyectamos tanto en el aspecto físico como en lo ideológico, la gente formula una opinión, juicio o idea general acerca de quiénes somos y qué esperar de nosotros.

Ese juicio, sin embargo, corresponde a una percepción y no necesariamente a la realidad, es decir, que **su opinión sobre nosotros no refleja aquello que en verdad somos, qué creemos y lo que representamos. Cuando hablamos del concepto de marca personal, nos referimos a una especie de punto intermedio entre eso que los demás perciben de nosotros y quiénes somos realmente.** El término es de creación reciente y es uno de tantos otros que se han adoptado a gran escala en la era de las redes sociales, pero si entiendes bien de qué se trata y construyes tu marca personal a conciencia, créeme que va a jugar a tu favor de manera exponencial y te va a catapultar en tu crecimiento y búsqueda de objetivos.

Yo empecé hace unos años a utilizar mis redes sociales como plataforma con la intención de promover mis emprendimientos, y **jamás imaginé que iba a vender desarrollos inmobiliarios por Instagram,** o que iba a recibir decenas de oportunidades de negocios interesantes en mis DM, o que un día iba a escribir un libro. Inspirado en las figuras de pioneros del marketing digital como Gary Vee, Grant Cardone y Tony Robbins, mi idea era darme a conocer para escalar mis negocios como ellos habían hecho con los suyos. Y aunque no fue fácil al principio, hoy puedo decir con total certeza que todo el esfuerzo y tiempo invertido en la construcción de mi marca personal ha valido la pena, y que, como depositario de mi reputación y trayectoria, **sin duda es uno de los activos intangibles más valiosos que poseo.**

Gestionar tu marca personal es una forma proactiva de administrar tu identidad y proyectar tu imagen para atraer oportunidades laborales de alto perfil o para desarrollar y escalar tu negocio. Por eso en este capítulo quiero contarte un par de cosas acerca de las ventajas de tener una marca personal, cómo construirla a conciencia y equivocaciones comunes en el proceso para evitarlas.

NO ES EL NÚMERO DE *FOLLOWERS*

Tener una marca personal no se trata de acumular seguidores en redes sociales. Tampoco es un concurso de popularidad ni una competencia de *influencers*. De hecho, es lo contrario: se trata de ser auténtico para articular ideas originales que aporten valor a una audiencia con la que compartas intereses.

Que una cuenta tenga miles de *followers* no significa que el contenido que comparte es valioso o que su impacto va a ser duradero y va a transformar a su comunidad. Desde luego que hay para todos los gustos y sabores, solo no caigas en la trampa de las métricas y los números. Tus seguidores llegarán como consecuencia de la calidad de tus mensajes y el valor de tu contenido, así como de la autenticidad de tu voz y tono. Lo último que quieres es que eso que te hace único —ya sea tu *expertise* en cierto tema o el estilo con el que comunicas— se diluya con la vana misión de acaparar seguidores.

¿POR DÓNDE EMPEZAR?

No te dejes abrumar por el ideal de perfección. Sé de personas que han querido lanzar su marca pero que no se animan porque quieren controlar todos los detalles. No te preocupes: sobre la marcha puedes ir ajustando, y de hecho la misma experiencia te irá mostrando el camino y dictando la pauta. Tan solo hace falta dar el primer paso. Yo te recomiendo iniciar de forma sencilla con estas cuatro instrucciones.

1. Define tu propósito.

Saber por qué quieres lanzar tu marca personal te va a dar tranquilidad y certeza en los momentos de duda, sobre todo cuando llegan críticas —que nunca faltan—. Tu propósito será tu brújula y además te dará claridad a la hora de aportar valor a tu audiencia. Solo añadiría que si tu propósito tiene que ver con riqueza, popularidad o fama, mejor lo pienses dos veces porque eso va a ser un impedimento para que destaque tu voz de entre las muchas que hay y buscan lo mismo.

2. Configura tu mensaje.

Aquí es donde determinas de qué tema o temas vas a hablar, y es quizás el paso más importante porque ese será el punto medular de tu marca personal. Piensa en qué eres experto y qué te apasiona de verdad; **de qué podrías hablar durante horas ahora mismo y sin preparación previa.** Tu contenido y tus mensajes son los que van a reflejar tu estatus de autoridad, así como tu reputación y prestigio. La promesa y expectativa que vas a generar va a ser consecuencia del valor que puedas aportar a través de la información que compartas. En mi caso, mis temas son los negocios, el emprendimiento y los desarrollos inmobiliarios. Mi trayectoria, mis logros, mi experiencia y sobre todo mi conocimiento me dan confianza para aportar valor a mi audiencia, es decir, para compartirles consejos que sé que les van a servir en sus proyectos.

3. **Elige la plataforma.**
Los medios digitales facilitan la posibilidad de viralizar contenido y escalar tu marca personal. Utiliza las redes sociales como palanca para proyectarte, pero elige la adecuada según el perfil demográfico y los intereses de la audiencia a la que te vas a dirigir. Podría ser, por ejemplo, Instagram o Facebook, o quizá LinkedIn si buscas oportunidades laborales, o YouTube y TikTok para contenido más dinámico y audiencias más jóvenes. Sugiero empezar con una sola para evitar agobiarse. Familiarízate con ella y aprende los trucos para multiplicar el alcance. Pero recuerda: usa siempre tu voz y estilo propios, no sacrifiques autenticidad con tal de subirte a tendencias pasajeras.

4. **Encuentra aliados de marketing.**
Si está dentro de tus posibilidades, considera apoyarte o al menos asesorarte con un equipo especialista en temas de marketing y *branding* personal para armonizar tu identidad de marca,

estrategia de comunicación, identidad visual, etcétera. Esto ayuda bastante porque tener una buena imagen da mucha credibilidad, pero ojo: no necesitas tampoco un equipo de 10 personas detrás gestionando absolutamente todo acerca de tu marca personal, puedes empezar tú solo mañana mismo.

TODOS TENEMOS ALGO QUE DECIR

Imagina que estás en un escenario frente a más de 100 mil personas. Te dan un micrófono y te dicen que solo tienes un minuto para hablar. O mejor aún, que tienes una cuenta de Twitter de 100 mil seguidores, pero solo puedes publicar un *tweet*. En aquel escenario, ¿qué le dirías a esas 100 mil personas? y ¿qué mensaje mandarías en 280 caracteres a tu audiencia de 100 mil seguidores en Twitter?, ¿qué te gustaría que recordaran de ti?

Saber de qué vamos a hablar puede parecer más difícil de lo que en realidad es. El ejercicio del párrafo anterior es útil porque nos ayuda a reconocer aquello que podemos aportar y que otros no, o en otras palabras, lo que nos hace únicos, lo que nos distingue del resto.

Todos somos expertos en algo. Todos tenemos una historia que contar. Y sí, lo creas o no, tú también tienes algo valioso que decir y aportar al mundo, solo hay que encontrarlo y pulirlo para que tenga un impacto sostenible y duradero.

LOS FRUTOS DE LA MARCA PERSONAL

Para que germine tu marca personal se requiere de mucha paciencia, de calibrar los mensajes a base de prueba y error —pero sin perder autenticidad— y de estar conscientes de que es un juego a largo plazo. Solo aquellos que perseveran y permanecen invirtiendo tiempo y empeño en su marca personal recogen los frutos de su esfuerzo. Los siguientes son solo algunos de los beneficios:

- **Destacas del resto.**
  En un mundo saturado de ruido y de información, tu marca personal te hace más reconocible y atractivo para posibles clientes y reclutadores.

- **Generas una expectativa.**
  Cuando tu audiencia ya te conoce, permanece atenta y a la expectativa de tu próxima pieza de contenido o de tu siguiente anuncio, ya que tu reputación y prestigio implica por sí mismo una promesa de que vas a proporcionarles algo de valor. Dicho de otra forma, ya saben que lo que vas

a compartir les va a ser de utilidad, por lo cual mantienes cautivos a tus seguidores.

- **Ganas credibilidad.**
Es más fácil publicitar y concretar ventas de un nuevo proyecto cuando ya tienes una marca personal que te respalda y habla por ti. Yo lo he vivido con varios de mis emprendimientos: desde Savers, Real Start, Solid, hasta desarrollos inmobiliarios.

- **Garantizas tu posicionamiento.**
Tu marca personal te da la oportunidad de posicionarte como experto o autoridad en el tema que dominas, es decir, no solo te hace visible, sino también relevante.

- **Haces *networking*.**
Al adquirir cierto estatus gracias a tu marca personal, verás cómo tu red de contactos crece de forma orgánica. Aprovéchala para construir relaciones valiosas y conectar con otras personas sin caer en un simple interés transaccional.

- **Multiplicas las oportunidades.**
Necesitaría escribir otro libro solo para contarte la cantidad de oportunidades de negocio que han surgido como resultado de mi marca personal. Después de varios años gestionándola, mi

audiencia entiende en qué les puedo servir y de qué manera, lo cual obviamente ha sido clave en la escalabilidad y crecimiento de mis negocios.

ES OPCIONAL

Lo que te platico en este capítulo deriva casi exclusivamente de mi experiencia como emprendedor. **Construir una marca personal y formalizarla ha sido determinante en mi vida profesional.** El prestigio que he acumulado a través de los años gracias a la confianza de mis inversionistas y mis socios lo he podido proyectar en mis redes sociales, y eso a su vez me ha generado más prestigio y más oportunidades, como si se tratara del efecto del interés compuesto.

Pero eso sí: aunque recomiendo ampliamente salir de la zona de confort y dedicar tiempo, esfuerzo y recursos en la construcción de una marca personal, reconozco también que el camino no es el mismo para todos. La decisión depende de tu visión de negocio, la presencia que quieres tener y la escalabilidad que deseas para tus proyectos. También es una cuestión de personalidad. Hay quienes prefieren mantener un perfil bajo, y es completamente válido.

Al final, lo que habla por nosotros es nuestra reputación, tengamos o no presencia en los medios digitales, y esa se nutre del grado de compromiso, honestidad e inteligencia que demostramos hacia nuestros socios e inversionistas. Mientras eso exista, el éxito siempre será una posibilidad a tu alcance.

EN RESUMEN

1

LOGRA EL PUNTO MEDIO

Tu marca personal se encuentra en la intersección entre lo que la gente percibe de ti y lo que eres y representas en realidad. Cuando gestionas ese punto medio a conciencia y con visión a largo plazo, tu crecimiento y los beneficios para tus proyectos se manifiestan de forma exponencial.

2

CONSIDERA TU MARCA PERSONAL COMO UNA HERRAMIENTA PODEROSA

De todos tus activos intangibles, tu marca personal es quizá la más valiosa. No se le puede asignar un precio, pero ningún otro recurso te puede abrir tantas puertas y generar tantas oportunidades como tu reputación y prestigio.

3

¡NO LO DIGAS, MUÉSTRALO!

Construir tu marca personal es más sobre hacer y demostrar que solo decir y publicar información en tus redes o plataformas. *Show, don't tell*: tiene que sostenerse sobre hechos para generar credibilidad y que funcione a tu favor.

4

CUENTA TU HISTORIA

Todos tenemos algo que decir o una historia que contar. Y en ese mensaje seguramente existe una lección valiosa que va a servir a alguien. Empieza por ahí.

5

KEEP IT SIMPLE

Ve paso a paso. Descubre primero lo que quieres compartir y experimenta con formatos hasta que te sientas cómodo. Mantenlo simple, no es necesario demasiada sofisticación ni un equipo de marketing. Puedes hacerlo tú solo al principio.

MARCA PERSONAL

6

ALEJA EL EGO

Tu autenticidad es lo que te va a permitir destacar, lo que va a hacer que volteen a verte. No caigas en la tentación de montarte en tendencias en las que no crees solo para inflar las métricas y el ego porque la gente se da cuenta cuando uno no es sincero, así que sé tú mismo.

7

CREA VALOR, VALOR, VALOR

Por si no se dijo lo suficiente en el capítulo: para que tu marca personal crezca y sea exitosa, el enfoque debe ser siempre facilitar a tu audiencia un consejo, un *hack*, una sugerencia, un *review*, etcétera, a partir de tu *expertise* como figura de autoridad en el tema, para que ellos reciban algo valioso a cambio de su atención.

9

Ventas

Todos somos vendedores. Sí, tú también.

¿No me crees? Si alguna vez has ido a una entrevista de trabajo, entonces has intentado vender tus servicios y/o capital intelectual a una empresa. Si alguna vez has tratado de convencer a tu pareja sobre a dónde ir de vacaciones, por ejemplo, entonces intentaste vender una idea.

Sin saberlo, todos vendemos: desde ideas, productos, servicios, proyectos y oportunidades, hasta la posibilidad de generar una relación de negocios o personal.

En su libro *Sell or Be Sold*, Grant Cardone afirma que ninguna persona puede realmente obtener verdadero poder y estatura en el mundo sin la capacidad de persuadir a los demás, es decir, de vender.

Por eso en este capítulo te voy a contar sobre por qué es importante adquirir la habilidad de vender —sobre todo si eres emprendedor— de distintas formas, las características del buen vendedor, errores a evitar en un *sales pitch*, tips para concretar una reunión de negocios, la historia de mi primera venta, entre otras cosas que te van a ser de utilidad en tu formación como vendedor.

HISTORIA DE MI PRIMERA VENTA

Fue antes de mis primeros emprendimientos, bastante antes. Aún no existía OneGym, mucho menos Grupo DAGS, Real Start ni todos los proyectos que han venido después. No era siquiera adolescente todavía, y puedo decir que este es uno de esos recuerdos de la infancia que guardo con mucho cariño.

Ocurrió en un pasillo de la escuela, entre clase y clase. Estaba en primaria y tendría unos ocho o nueve años. Conocía bien a mis amigos, teníamos más o menos los mismos gustos, nos motivaban las mismas cosas entre caricaturas, juegos y deportes. Por eso se me ocurrió la idea.

Yo tenía un juguete con el que podía "producir" otros juguetes. Me explico: se trataba de una especie de horno pequeño que venía con moldes en forma de escarabajos, arañas y otros insectos. También incluía un líquido espeso, casi como plastilina, que servía para rellenar los moldes. El siguiente paso era meterlos al hornito y prenderlo. Después de unos minutos, el líquido se plastificaba en el molde, y así producía figuras de insectos aterradores que nos encantaban porque con ellos jugábamos y hacíamos travesuras: simplemente los dejábamos en un lugar visible y esperábamos pacientes a que alguien diera un grito de susto. Luego nos torcíamos de la risa y nos tocaban regaños, pero valía la pena. Se llamaban Creepy Crawlers.

Así es: mi primera venta no fue una suscripción de OneGym, ni una casa, departamento o local comercial, sino un Creepy Crawler, que mis compañeros de la escuela solían comprarme a un precio de cinco pesos. Y desde entonces no he parado. Recuerdo que empecé a ahorrar el dinero de esas ventas para seguir comprando cosas que luego pudiera vender.

Éramos muy chicos y todos veníamos del mismo contexto socioeconómico. Lo único que hice diferente fue aprovechar el hecho de que teníamos los mismos intereses, es decir, entendía el mercado, tenía los medios y sabía que estarían dispuestos a pagar por un rato de diversión. **Hoy sigo aprendiendo y agregando herramientas y conocimientos a mi arsenal de ventas.**

Esta es la primera lección de este principio: **cuando salgas a vender, conoce tu mercado.** Para aterrizar una venta o *sales pitch*, sea lo que sea, tienes que entender cuáles son sus necesidades, motivaciones, y qué están buscando en un producto o servicio como el tuyo. En otras palabras, **si quieres ser un vendedor exitoso, tienes que saber más que tu cliente.**

LA IMPORTANCIA DE SABER VENDER

La definición de ventas es cada vez más amplia y difusa. El entorno cambia y los mercados también. Hoy no vendemos de las mismas formas que hace una década, y en 10 años no venderemos como lo hacemos hoy. La tecnología, los hábitos y las tendencias están en constante evolución. ¿Quién iba a pensar hace 15 años que iba a ser posible vender en redes sociales?, ¿o que íbamos a poder ordenar comida y hacer el súper desde un celular cuando los *smartphones* no habían llegado aún a nuestras vidas?

De acuerdo con un estudio de Euromonitor, para 2025 el comercio en línea habrá crecido un 226%, y va a representar más o menos un cuarto del total de las ventas minoristas en México; seguramente para entonces ya habrá nuevas formas de vender en un contexto distinto al de hoy, con nuevos y mejorados canales de comunicación, distintas regulaciones y consumidores con otras preferencias. ¿Te imaginas, por ejemplo, desarrollando estrategias de ventas para el metaverso?, ¿o vendiendo propiedades de bienes raíces digitales?

Ante este entorno volátil y complejo, como gente de negocios debemos ser flexibles, adaptarnos y continuar con la disposición y humildad de seguir aprendiendo las nuevas habilidades de ventas que nos va exigiendo el contexto. La importancia de saber vender y actualizarse radica en una verdad absoluta que aplica para toda empresa, sin importar su tamaño y giro: **lo único que no cambia a través del tiempo es que sin ventas no hay flujo, y sin flujo no hay negocio que sobreviva.**

LECCIONES DE UNA VULCANIZADORA

En mi primer empleo aprendí una de las lecciones más valiosas para el desarrollo de mis habilidades de ventas. Trabajé en una vulcanizadora donde percibía un sueldo muy bajo, pero aprendí rápido que la posibilidad de hacer dinero desde mi posición no estaba en el salario, sino en las propinas.

Una llanta ponchada siempre es una situación desagradable. Cuando sucede, la gente busca una solución pronta, eficiente y expedita. Como empleado yo me aseguraba de que el servicio cumpliera con las expectativas, pero eso no era todo: también le daba una buena limpiada al rin, pasaba Armor All por todas las llantas y preguntaba al cliente si podía ayudarle con algo más. En ese entonces el parchado de la llanta costaba unos 40 o 50 pesos. Cuando yo los atendía, los clientes pagaban esa cantidad más otros 50 pesos de propina que iban para mí, y todo por hacer una buena labor de venta.

Este es un tip muy sencillo que sigo aplicando en mi día a día y que me ha permitido escalar tan rápido en mis negocios. Así como no me costaba dar ese extra en la vulcanizadora —algo que, por cierto, nunca he visto que hagan en otras vulcas—, nada me cuesta hoy en día, por ejemplo, sacrificar un poquito de mi margen en un trato, o quizá no ser estricto en una garantía posventa ya vencida con un inversionista o cliente en su primera compra cuando surge alguna situación. Esta es la razón por la que tengo tantos inversionistas y clientes recurrentes: agrego valor a su dinero cada vez que hacemos negocios y así ganamos juntos —claro que esto aplica siempre y cuando esté dentro de mis posibilidades absorber ese valor que estaría dejando yo en la mesa.

Para mí esta es la mejor manera de generar confianza y de demostrar con hechos que estás dispuesto a establecer una relación de negocios de largo plazo. Es una práctica que ejerzo de manera honesta, genuina y con la mejor de las intenciones.

En resumen: **pequeños detalles generan grandes resultados.** Desde confianza, ventas y flujo para el negocio, hasta reputación y prestigio.

PERSISTIR Y PERSUADIR

¿Sabes cuántas puertas tuve que tocar antes de lograr mi terreno en aportación? Piensa en un número. Ahora recuerda ese número, ya que te lo voy a revelar al final de esta sección.

El proyecto para el cual estaba buscando terrenos se trataba de la construcción de mis primeras seis casas, con un valor de 30 millones de pesos. Yo tenía 25 años, y aunque ya contaba con un emprendimiento exitoso operando y ya tenía conocimientos del mercado inmobiliario, el camino para lograrlo fue bastante largo. En retrospectiva, agradezco que haya sido así. Toda esa trayectoria que recorrí y las veces que recibí un no como respuesta fueron la mejor preparación para ir afinando mi discurso y habilidades de ventas. Con esto no quiero decir que todos los proyectos que siguieron fueron más fáciles, sino que simplemente estaba mejor entrenado para concretarlos.

Vender no se trata solo de convencer, influir y persuadir, también es persistir. Te vas a desanimar en el camino, probablemente pienses en dejarlo, pero te aseguro que si confías en tu instinto, buscas el cómo sí, eres constante, aceptas tus errores y aprendes de ellos, llegará el momento en que encuentres la manera de lograr esa venta que necesitas para catapultar tu proyecto hacia adelante.

Te cuento lo anterior porque lo viví en carne propia: tuve que tocar 117 puertas antes de encontrar a la persona indicada para concretar la aportación de aquel terreno (¿le atinaste al número?, ¿estuviste cerca?). Además de que estábamos en la misma sintonía y con la firme intención de crecer profesionalmente, la preparación que tuve en el proceso y su *expertise* nos permitieron conectar fácil y sacar adelante este proyecto en la colonia Palo Blanco que fue muy rentable para ambas partes.

Esto no significa que tú vayas a tener que tocar 117 puertas también. Quizá son menos, o tal vez sean más. Probablemente por la naturaleza de tu negocio encuentres un atajo —si son ventas por internet—, o a lo mejor tienes un talento nato para las ventas cara a cara. En todo caso, el primer paso es convencerte de que vas a llegar. Tiene lógica porque si tú no confías en ti y en tu proyecto como para seguir insistiendo, ¿por qué habría de hacerlo la persona a la que estás pidiendo capital?

TRES CARACTERÍSTICAS DE UN BUEN VENDEDOR

Mucho de lo que he aprendido en lo que se refiere a ventas lo he hecho observando a personas que admiro por sus méritos. Descubrí que todos son disciplinados, que procuran su aspecto para tener presencia y causar una buena impresión y que si han sido capaces de llegar tan lejos en sus negocios es porque simpre cumplen con las siguientes características:

1. Dominio

Conocen a la perfección su producto, la competencia, las condiciones del mercado y los fundamentos de la industria en la que se desempeñan. Este dominio les facilita su discurso de ventas al momento y les permite ser frontales con su contraparte según se requiera: si saben que su producto es de mejor calidad que el promedio del mercado, por ejemplo, entonces pueden justificar su precio con argumentos convincentes, y ese conocimiento genera confianza hacia los inversionistas y clientes.

2. Narrativa

Un buen vendedor siempre tiene una buena historia que contar, y sabe cómo conectarla con su producto, servicio, o negocio. Las historias despiertan interés en las personas, por eso es una buena forma de abrir un *sales pitch* si queremos captar la atención de inmediato. Eso sí: hay que saber contarlas, y también hay que saber leer a la persona que está del otro lado para llevar la narrativa al terreno más conveniente según el momento.

3. Claridad

A nadie le gusta tratar con un vendedor que miente o que no es claro sobre los riesgos del proyecto que está tratando de vender. Los inversionistas aprecian y agradecen claridad sobre riesgos y beneficios. Al final del día, lo que buscan es certidumbre, y cuando la encuentran, siempre regresan con quien se las proporciona para concretar nuevos negocios.

EL PEOR ERROR EN UN *SALES PITCH*

En realidad, quiero contarte sobre dos errores. Primero, el obvio: no llegar preparado a la reunión. Si tus inversionistas no resuelven sus preguntas e inquietudes en ese momento, adiós venta. Por eso enfatizo la importancia de dominar tu producto, el mercado y la competencia.

El segundo error, que en realidad se deriva del primero, es garantizar rendimientos que no vas a poder cumplir. A veces las ganas de cerrar el trato nos pueden tentar a ofrecer beneficios imposibles. **Recuerda que no se trata de vender por vender.** En lo personal, siempre voy a preferir ser honesto y perder una venta que levantar falsas expectativas a costa de mi tranquilidad y reputación.

CÓMO CONCRETAR UNA REUNIÓN

Concretar una reunión para hacer un *sales pitch* tiene su chiste. Todo el mundo está ocupado, y el ritmo de trabajo de las personas con poder de decisión en las empresas es vertiginoso. Por eso hay que encontrar la estrategia adecuada.

Yo lo primero que hago es buscar a la persona en LinkedIn y contactarla por ese medio. El mensaje debe ser conciso, al punto, y sobre todo contener una pieza de información que capte su atención y que tenga que ver con lo que puedes ofrecer, ya sea una reducción de x porcentaje en sus costos, o un potencial aumento de tanto por ciento en sus ventas al utilizar tus servicios, etcétera.

En caso de no haber respuesta, buscaría acercarme a través de mi red de contactos —de ahí la importancia del *networking*—. Y si continuamos sin respuesta o ningún contacto lo conoce, llamaría directamente a la empresa con un mensaje igual de breve.

Para concretar la reunión es fundamental comunicar que tú puedes ser esa solución que están buscando ya sea para solucionar un problema o potenciar su crecimiento, y también que solo le vas a quitar 15 minutos de su tiempo.

Si la respuesta es negativa, agradece que te hayan tomado la llamada y hazles saber que sigues a sus órdenes. Dale seguimiento unos seis meses después

—menos tiempo podría ser molesto— y mientras tanto continúa tu búsqueda: recuerda que vender también es persistir.

CÓMO ESCALO MIS VENTAS

Si estás leyendo este libro es muy probable que me sigas en mis redes sociales. En mi caso, como ya lo has de saber, desarrollar mi marca personal y comenzar a vender por esos medios es lo mejor que me pudo haber pasado. Hoy en día tengo menos vendedores que otras empresas desarrolladoras, y mis esfuerzos de marketing en redes se multiplican gracias al posicionamiento de marca de la empresa y al alcance de mis cuentas.

Las redes sociales me han dado la exposición que necesitaba para proyectar a audiencias más grandes ese prestigio que me he ido ganando a través de los años como desarrollador. Con la ayuda de mi equipo y especialistas en temas de marketing digital, hemos documentado esa trayectoria para aportar valor a través de los medios digitales, hacer un *storytelling* interesante y transmitir confianza de cara a potenciales inversionistas y clientes. Por eso creo que hoy en día la forma más efectiva de escalar tus ventas en términos de costo-beneficio es mediante las redes sociales.

EN RESUMEN

1

DEBES SABER MÁS QUE TU CLIENTE

Ninguna venta está garantizada de antemano, pero si quieres aumentar tus probabilidades de cerrarla, tienes que saber más que tu cliente sobre lo que sea que estés ofreciendo, así como del mercado, las tendencias y tus competidores.

2

RECUERDA QUE SIN VENTA NO HAY FLUJO

Lo único que no cambia a través del tiempo en el mundo de los negocios es que una empresa no sobrevive sin ventas. Lo que sí cambia es el entorno y las formas de vender. Actualízate porque ninguna ventaja es para siempre.

3

MEMORIZA: "PEQUEÑOS DETALLES, GRANDES RESULTADOS"

Muchas veces, ese pequeño valor adicional que puedes ofrecer en una venta o en una relación de negocios es el diferencial que necesitas para destacar del resto y concretar el trato. Quizás está en el servicio, o en una garantía, o en ceder un poco en el margen. Ese detalle es muy útil para tener clientes recurrentes.

4

PERSISTE

Recibir un no como respuesta es algo que sucede a diario para una persona que se dedica a los negocios. Puertas cerradas hay miles. Solo aquellos que persisten encuentran la manera de abrirlas.

5

NO HAGAS FALSAS PROMESAS

En un _pitch_ de ventas, no hagas promesas que no vas a poder cumplir. No se trata simplemente de cerrar la venta, sino de persuadir al cliente o inversionista del valor que contiene tu propuesta y después entregarlo. Las falsas expectativas solo crean problemas y afectan tu imagen.

6

UTILIZA UN BUEN _STORYTELLING_

Incluye una historia al abrir tu _pitch_ para captar la atención y levantar interés, pero que sea breve para no aburrir ni desviarte del punto. Sé claro en lo que ofreces, habla con honestidad tanto de los riesgos como de los beneficios y domina el tema del que vas a hablar, especialmente en lo que se refiere a los números.

7

BUSCA EL MODO DE ESCALAR MÁS RÁPIDO

Yo potencié el crecimiento de mis negocios gracias a las redes sociales. Las oportunidades de escalabilidad en la era digital son enormes. Mi sugerencia es que inviertas tiempo y esfuerzos porque el retorno de esa inversión puede ser exponencial.

10

Acción

¿Cuánto tiempo llevas postergando tus planes?

Sea por miedo al fracaso, indecisión o desidia, a menudo sentimos que tenemos que aplazar el inicio de ese proyecto que tenemos en mente. Y la verdad es que solo hay una forma de callar esa voz que nos llena la cabeza de dudas e incertidumbre: con la acción, empezando incluso si piensas que no estás listo, porque en realidad nunca vas a estar 100% preparado, y es completamente normal.

En su libro *Mastery*, el psicólogo Robert Greene explica que la palabra "aprender" proviene del latín *prehendĕre*, que en español significa "agarrar o tomar algo con las manos". De hecho, tanto en el italiano —*prendere*— como en el francés —*prendre*—, la palabra es muy similar al latín original, y su significado es el mismo.

En español, cuando hablamos de aprender, nos referimos al hecho de adquirir conocimiento por medio de la experiencia, es decir, a tomar el conocimiento con las manos. Dicho de otra forma: no hay aprendizaje sin acción.

Por eso tenemos que atrevernos a enfrentar esos obstáculos mentales y a tomar acción rumbo a nuestros objetivos si queremos vivir una vida memorable.

En este capítulo te platico sobre algunas reflexiones e ideas que te pondrán un paso más cerca de empezar a ejecutar ese proyecto que tienes en mente.

EJECUTAR ES EL JUEGO

Puedes planificar, diseñar estrategias, acumular ideas, hacer contactos, tomar cursos de preparación y pensar en los mejores métodos para desarrollar tu proyecto, pero si no ejecutas, si no te pones en marcha, si no haces lo necesario para que tus planes sucedan, te vas a perder de toda la diversión. Peor aún, jamás vas a lograr tus objetivos.

Pongámoslo de esta forma: piensa en tu deporte favorito, no importa si es futbol, básquet, golf, tenis, o ajedrez incluso, el que sea. ¿Qué es más entretenido: hablar sobre el juego o jugarlo?

Somos mejores personas cuando somos productivos. **Solo a través de las acciones podemos construir un legado y hacer el bien a otros.** Tomar acción no es solo parte del juego, sino que es el juego mismo. Estoy seguro de que justo ahora tienes en mente una o varias ideas de negocio excelentes, o proyectos ambiciosos que quizás has ido postergando por una u otra razón. Estoy seguro también de que en este momento cuentas con todo lo que necesitas para dar el primer paso.

Además, **pocas cosas más gratificantes en la vida que materializar una idea en la que encuentras propósito,** sobre todo para nosotros los emprendedores, ya sea comenzar un desarrollo, poner tu restaurante, establecer tu agencia de marketing o negocio de consultoría, por ejemplo. Porque si bien las ideas son las semillas de todo proyecto, al final las acciones son las que transforman la realidad en el plano físico.

Uno puede soñar cuanto quiera y apuntar tan alto como desee, que al fin y al cabo eso no cuesta nada, pero la verdad es esta: **la medida real de tus sueños está determinada por tus acciones y el esfuerzo que estás dispuesto a invertir en ellos.**

FALSO OASIS

El peor enemigo de tus sueños, objetivos y de todo aquello que quieres alcanzar en la vida tiene nombre y apellido: se llama zona de confort. La comodidad es agradable en apariencia, pero no es tu aliada si estás buscando crecimiento y superación. Es como arena movediza de la que es difícil salir porque te estanca y te retiene en el mismo lugar, muchas veces sin que te des cuenta.

Hay una historia muy conocida que ilustra este concepto. Se trata de un rey al que le habían regalado dos halcones jóvenes, de los cuales se hace cargo el maestro de cetrería para entrenarlos. Al cabo de un tiempo, uno de ellos volaba de manera formidable y obedecía a su domador en todo momento, mientras que el otro simplemente no quería volar y se negaba a dejar la rama en la que se pasaba todo el día. Al enterarse de esto, el rey mandó publicar un edicto en el que ofrecía una recompensa a quien fuera capaz de animar al halcón y hacerlo volar. No hizo falta esperar mucho tiempo para ver al ave atravesar los cielos del palacio a toda velocidad, luciendo incluso más hábil que el otro halcón. Cuando el rey preguntó impresionado cómo es que lo habían logrado, se sorprendió de la sencillez de la respuesta: cortaron la rama, y al halcón no le quedó de otra que echarse a volar.

Está demostrado por la ciencia que para mejorar y optimizar nuestro rendimiento en cualquier disciplina, es necesario agregar gradualmente un nivel de reto que nos haga sentir incómodos y nos obligue a responder a ese desafío con toda nuestra capacidad. Los psicólogos lo llaman zona de crecimiento, y se encuentra fuera de esa zona de confort en la que nos sentimos en control.

Se dice fácil, pero cuesta, y cuesta mucho. Yo siempre procuro plantearme metas más complejas con objetivos más altos: desarrollos más grandes y en otras ciudades, más sucursales de restaurantes, más comunidad, más miembros de Real Start. Es esa búsqueda la que me mantiene activo, motivado, enfocado y en constante crecimiento.

La comodidad se ha llevado a la tumba muchos sueños. Es un falso oasis lleno de espejismos y complacencia que adormece. Y lo peor de todo es que se lleva silenciosamente el activo más valioso que tenemos y que es imposible recuperar: el tiempo. No vas a encontrar tu mejor versión ahí. No vas a crecer ni ver tus metas cumplidas si te quedas en tu zona de confort. Corta la rama, échate a volar.

ESTÁS SOLO

Esta también es una verdad difícil de tragar, pero que cuando la aceptas y la asimilas, te empodera como no tienes idea: **nadie va a alcanzar tus metas por ti.**

Muchas veces nos fijamos objetivos muy ambiciosos, pero los vemos muy lejanos, en horizontes de tiempo muy amplios, y eso nos hace aplazar las acciones que tenemos que tomar para verlos cumplidos.

Por otro lado, también solemos compararnos con aquellas personas que admiramos porque ya han logrado cosas importantes, y es fácil dejarse llevar por su influencia. Nos comparamos con ellos y nos llenamos de ansiedad, miedos e inseguridades porque queremos estar en ese nivel, tener lo que tienen, y lo idealizamos como algo imposible e inalcanzable. Lo que desconocemos es el camino y las luchas internas que tuvieron que librar esas personas para llegar a donde están.

Mi recomendación es que aprendas de ellos y que, en vez de dejarte influenciar por su estilo de vida, tomes inspiración de sus ideas y formules tu propio sistema. Por cierto, si admiras a estas personas solo por sus posesiones materiales, las estás siguiendo por las razones equivocadas, y podrían estar haciéndote más daño que beneficio.

Te comento lo anterior porque quizás estás esperando una señal para tomar acción y poner en marcha tus planes. O que alguien venga a ayudarte y te lleve de la mano a tus metas, o que mágicamente se den las condiciones de la noche a la mañana para, ahora sí, empezar a trabajar al 100% en tus objetivos.

No va a haber señales ni momentos de iluminación. Olvídate de encontrarlas en las redes sociales y en esas personas que admiras. Tampoco habrá nadie que te tenga compasión y arregle el escenario o allane el camino por ti. Estás solo: **el único que puede tomar acción rumbo a tus objetivos eres tú.** Y ¿sabes qué?, esta es la mejor noticia que te pueden dar, porque cuando la asimilas te das cuenta del poder que tienes y de tu capacidad para encontrar la forma de sortear los obstáculos y materializar tus ideas. Y así como tú eres el único responsable de tus metas, cuando las cumplas, sentirás esa satisfacción que otorga el mérito de haberte sabido solo al principio y confiar en ti mismo a pesar de ello.

RITUALES

Entiendo que no es fácil atreverse. Cada situación es diferente y estamos sujetos a distintos contextos. Sea por miedo, comodidad o complacencia, dejamos en segundo plano las acciones que sabemos que tenemos que llevar a cabo para aterrizar las ideas y acercarnos a los objetivos. Tomar acción exige romper con los malos hábitos, requiere de valentía, determinación, visión e inteligencia, todo de manera sostenida, es decir, durante periodos prolongados.

Para mantenerme enfocado yo practico lo que llamo rituales. Son como una especie de base a la que me aferro, actividades sencillas que repito todos los días de manera rutinaria y que me ayudan a programarme mentalmente para alinear mis acciones de ese día con mis objetivos. Son un antídoto contra las distracciones, el cansancio, el ocio y las tareas innecesarias que me alejan de lo que quiero lograr.

En mi caso consiste en hacer ejercicio muy temprano por las mañanas, desayunar con mis hijas y revisar mi lista de pendientes como punto de partida. Esas sencillas actividades me ponen en ruta rumbo a un día productivo y de provecho. Encuentra tu ritual y apégate a él para mantener los pies en la tierra y la mira en el objetivo.

TRES FORMAS DE ACCIÓN INTELIGENTE

Uno de los mitos más comunes cuando hablamos de tomar acción es que todo se traduce a trabajo duro. No es así necesariamente. Es verdad que hay que trabajar y mucho, pero también hay que hacerlo de manera inteligente. Si quieres resultados exponenciales, es importante recoger aprendizajes en el camino y aplicarlos. Estas son tres formas de acción inteligente que quiero compartir contigo:

1. **Construye sobre tus fortalezas.**
   Tom Watson Sr., fundador de IBM, decía que él no era un genio, sino que simplemente era inteligente para ciertas áreas y que prefería enfocarse en esas áreas en las que era bueno, antes que empezar desde cero en otras. Todos sabemos cuáles son nuestras competencias y capacidades, aquellas actividades o disciplinas en las que destacamos y nos distinguimos del resto. La realidad es que vas a obtener mejores rendimientos utilizando tus fortalezas a tu favor que intentando mejorar en tus debilidades o áreas de oportunidad. Recuerda que el tiempo es un recurso escaso. Para

aquellas áreas en las que no se te dan las cosas, mejor busca asociarte o delegar.

2. **Ten en cuenta que quien pega primero pega dos veces.**

Esta sentencia es más actual que nunca en un mundo revolucionado por la tecnología y la inmediatez de las redes sociales. Si le piensas mucho previo al lanzamiento de un proyecto con una idea original porque quieres perfeccionarla, alguien se te va a adelantar y para cuando lo lances ya será demasiado tarde. Dale para adelante aunque no sea perfecto, solo tiene que ser funcional, y ya sobre la marcha corriges y optimizas. Esto es algo que he aprendido en mi trayectoria en la industria inmobiliaria y que, por ejemplo, luego apliqué en proyectos como el de Savers cuando recién iniciaba la pandemia. **En los negocios no te puedes dar el lujo de esperar.**

3. **Di no al *multitasking*.**

El cerebro humano no está diseñado para que hagamos varias cosas al mismo tiempo, al menos no con alta efectividad. El psicólogo Hal Pashler, catedrático de la Universidad de California en San Diego, explica que la información que captamos se acumula hasta que se forma lo que él llama cuello de botella cognitivo. Es decir, que la atención que ponemos en las distintas tareas al hacer *multitasking* es cada vez de menor calidad y somos menos eficientes. En resumen, cuando tomes acción, concéntrate en una cosa a la vez, trata de apartar espacios largos en tu calendario para una sola actividad cuando esta te exija mucha concentración. Así evitarás las distracciones y obtendrás los mejores resultados posibles.

SACRIFICIOS HOY, BENEFICIOS MAÑANA

La economía está hecha para hacernos adictos. Las redes sociales compiten por nuestra atención, la industria de alimentos abusa del azúcar para secuestrar nuestro apetito, los videojuegos están diseñados para que nos pasemos horas y horas frente a la pantalla, y ocurre lo mismo con el alcohol, el tabaco, los casinos con las apuestas y los juegos de azar, los servicios de *streaming*, etcétera.

Vivimos en un mundo que busca distraernos, y nos cuesta tomar acción porque nuestra mente se acostumbró a buscar esa satisfacción instantánea que te da la comida, Netflix, el alcohol o el PlayStation.

Lo verdaderamente difícil de esto es resistir a esas distracciones, ser disciplinados y ponernos límites para adueñarnos conscientemente de nuestro tiempo en el presente.

Te invito a que hagas una prueba. La próxima vez que sientas tentación de dejar un pendiente para el siguiente día a cambio de ver un capítulo de tu serie favorita, acuérdate de este párrafo y resiste a esa tentación. Cuando termines el pendiente, date cinco minutos para pensar en cómo te sientes de haber tomado esa decisión de manera consciente. Te aseguro que sentirás satisfacción y autorrealización. Es a esa sensación a la que debemos acostumbrarnos, no a la que nos producen las distracciones que nos roban la atención y la capacidad de concentración. **La suma de todos esos sacrificios que hagas hoy va a ser la base de los beneficios de mañana,** es decir, de tus objetivos cumplidos. Esa sí es una satisfacción que vale la pena, que perdura en el tiempo y que es proporcional al tamaño de tu esfuerzo.

EN RESUMEN

1

LA MEDIDA REAL DE TUS SUEÑOS SON TUS ACCIONES

Soñar en grande es algo que todos hacemos, pero la medida real de tus sueños está determinada por tus acciones, es decir, por lo que estás dispuesto a hacer para alcanzarlos.

2

TRANSFORMA TU MUNDO MEDIANTE ACCIONES

El mundo está lleno de buenas intenciones, pero son las acciones las que importan, porque solo a través de ellas podemos transformar el mundo material o físico para bien.

3

EVITA LA COMODIDAD

La zona de confort es un lugar común que adormece, entumece y complace. Ahí no vas a encontrar crecimiento ni tu mejor versión. Alcanzar tus metas va a depender de tu voluntad y capacidad de abandonar ese falso oasis.

4

RECUERDA QUE POR TUS ACCIONES TE RECORDARÁN

Tu legado, tu huella en el mundo, va a estar definido por la suma de las acciones que lleves a cabo. Puedes empezar hoy mismo a construir esa huella.

5

OPTIMIZA TUS ESFUERZOS

Trabaja duro, pero sobre todo inteligentemente. Apaláncate de tus fortalezas, no pierdas tiempo con tus áreas de oportunidad. Los mejores rendimientos de tus esfuerzos los obtendrás de aquellas disciplinas que dominas.

6

TEN PRESENTE EL COSTO DE OPORTUNIDAD

Este es un recordatorio obvio: el costo de oportunidad de no tomar acción y procrastinar es perderte de la satisfacción de cumplir tus sueños y disfrutar de los méritos y beneficios de tu esfuerzo.

7

FORMA PARTE DEL MUNDO DE LOS VISIONARIOS

Piensa y actúa siempre con la mira puesta en el largo plazo. El mundo y la economía están diseñados para distraernos y mantenernos aletargados en cosas que provocan satisfacción instantánea. Recuerda que los sacrificios de hoy son las ganancias de mañana, solo sé paciente con los resultados.

Conclusión

Querido lector, lectora:

Muchas gracias por llegar al final de este libro.

Ya pasaron más de 18 años desde aquel viaje que me hizo cambiar mis hábitos y ver la vida desde otra perspectiva. Llevo más de una década emprendiendo negocios en varias industrias, y pocas cosas me enorgullecen más que la increíble comunidad que hemos formado juntos a lo largo de los años.

En este libro te compartí muchos de mis aprendizajes más importantes en toda mi trayectoria como emprendedor. Ahora que llegaste al final de la lectura y tienes toda esta información valiosa en tus manos, mi mensaje final es este:

¡No hay tiempo que perder!

Constantemente me toca ver a muchas personas perdiendo el tiempo en temas que en realidad no son importantes. Suelen pensar que el tiempo no les va a pasar factura nunca, y por eso no lo invierten en la salud ni lo dedican a la familia, ni tampoco lo destinan a esfuerzos productivos que contribuyan a realizar lo que siempre soñaron.

El tiempo pasa y pasa corriendo. Yo soy muy exigente y celoso con cómo uso mi tiempo. Me levanto temprano todos los días sin falta a hacer ejercicio, y siempre estoy en casa puntual para el desayuno con mi esposa y mis hijas.

También dedico tiempo a mis socios y a mis colaboradores. Cada día es una oportunidad de crecimiento si estamos conscientes de que el tiempo se va rápido y nos dedicamos a aprovecharlo como se puede y como se debe, con enfoque y con disciplina.

Y para entender esto se requiere humildad, porque es necesario reconocer que podemos mejorar y que se nos va la vida en cosas sin relevancia que a largo plazo no van a tener impacto alguno en quienes somos.

Por último, quiero contarte sobre mi perspectiva para el futuro del mundo y de los negocios para que lo sumes a tus reflexiones.

El mundo real y el virtual ya son parte de la misma realidad. Quien entiende esto está construyendo proyectos de gran valor ahora mismo, incluso mientras lees esto.

Es en este orden de ideas que fundé la academia de negocios Real Start, un espacio con cursos y otros contenidos para formar a los próximos grandes emprendedores del mundo inmobiliario.

Real Start es un proyecto que nació en pandemia y que llegó para quedarse. Apalancándonos de temas de *e-learning*, redes sociales y comunidades digitales, hemos logrado un alcance impresionante: hoy más de 3 mil emprendedores han tomado nuestros programas y muchos de ellos ya tienen sus proyectos realizados gracias a lo que aprendieron y las conexiones reales que lograron en la comunidad de *starters*.

Por favor, ten en cuenta que las comunidades reales y bien conectadas existen tanto en lo digital como en lo presencial: hoy ya son parte de la misma realidad.

Así también nació mi proyecto de NFT, Amigus Social Club. Porque si tienes la energía, conocimiento y sobre todo dedicación para impulsar a otros, entonces se puede crear una comunidad de valor real.

Amigus Social Club se trata de un concepto de *tokens* no fungibles hecho por mexicanos y con beneficios exclusivos para los miembros de la comunidad. Te recomiendo que le eches un vistazo a este gran proyecto que me emociona mucho de cara al futuro. En Instagram lo encuentras como @amigussocialclub.

Por todo lo anterior, creo que el futuro de los negocios y del mundo está lleno de comunidades valiosas, de personas que se conectan para generar oportunidades interesantes, crear valor, solucionar problemas reales, fomentar la inclusión y beneficiar a muchos tanto en lo presencial como en lo digital.

La tecnología nos permitió conectarnos, hagamos lo mejor con esta gran capacidad.

Lector, lectora: manos a la obra. Ya tienes esta información, ahora te toca a ti hacer realidad tus sueños y REINICIAR tu vida con un nuevo *mindset*.

Te agradezco de nuevo por leer mi primer libro, y te deseo todo el éxito del mundo en tus proyectos por venir. Cuenta con mi apoyo y el de toda nuestra comunidad.

Sigamos conectando vía Instagram @Gus.Marcos, Twitter @SoyGusMarcos y TikTok @Gus.Marcos.

¡Mucho éxito!

GUS MARCOS

Agradecimientos

Escribir este libro fue posible gracias al camino que he recorrido a lo largo de mi trayectoria como emprendedor, y en ese camino me han acompañado muchísimas personas a las que quiero agradecer.

Primeramente quiero dar gracias a mi familia: a mis padres, a mis hermanos, a mi esposa y a mis hijas, quienes con su inmenso apoyo, cariño y cercanía me han ayudado a convertirme en la persona que soy y me han llevado al lugar donde estoy ahora.

También quiero agradecer a todos y cada uno de los colaboradores y socios de mis emprendimientos, porque con su dedicación, entrega, enfoque, pasión y compromiso, de la mano de nuestros líderes, hemos podido llevar a buen puerto grandes proyectos.

No tengo duda de que el esfuerzo de cada uno de los involucrados está reflejado en este libro, ya que ellos también son parte de las historias de grandes aprendizajes, aciertos y éxitos que hemos acumulado con el tiempo.

Índice

Reinicia de Gus Marcos
se terminó de imprimir en septiembre de 2022
en los talleres de
Litográfica Ingramex S.A. de C.V.,
Centeno 162-1, Col. Granjas Esmeralda, C.P. 09810,
Ciudad de México.